westermann

Herbert Österreicher

Herausgeber: Wassilios E. Fthenakis

Natur weckt Interesse

Naturwissenschaftliche Bildung in der Kita

1. Auflage

Bestellnummer 12759

Die in diesem Produkt gemachten Angaben zu Unternehmen (Namen, Internet- und E-Mail-Adressen, Handelsregistereintragungen, Bankverbindungen, Steuer-, Telefon- und Faxnummern und alle weiteren Angaben) sind i. d. R. fiktiv, d. h., sie stehen in keinem Zusammenhang mit einem real existierenden Unternehmen in der dargestellten oder einer ähnlichen Form. Dies gilt auch für alle Kunden, Lieferanten und sonstigen Geschäftspartner der Unternehmen wie z. B. Kreditinstitute, Versicherungsunternehmen und andere Dienstleistungsunternehmen. Ausschließlich zum Zwecke der Authentizität werden die Namen real existierender Unternehmen und z. B. im Fall von Kreditinstituten auch deren IBANs und BICs verwendet.

Die in diesem Werk aufgeführten Internetadressen sind auf dem Stand zum Zeitpunkt der Drucklegung. Die ständige Aktualität der Adressen kann vonseiten des Verlages nicht gewährleistet werden. Darüber hinaus übernimmt der Verlag keine Verantwortung für die Inhalte dieser Seiten.

service@westermann.de
www.westermann.de

Bildungsverlag EINS GmbH
Ettore-Bugatti-Straße 6-14, 51149 Köln

ISBN 978-3-427-**12759**-8

westermann GRUPPE

INHALTSVERZEICHNIS

INHALTSVERZEICHNIS

AUSGANGSÜBERLEGUNGEN

Es ist eine spannende und lohnende Aufgabe, Kinder mit naturwissenschaftlichen Themen bekannt zu machen. Dabei orientiert sich die hier vorgelegte Auswahl an Themen der MINT-Disziplinen (Mathematik, Informatik, Naturwissenschaft, Technik), die sich besonders gut eignen, mit konkreten Beispielen das Interesse von Kindern auf die Sachverhalte zu lenken und sie zu eigenen, weiteren Aktivitäten anzuregen.

Die Auswahl der Themen und ihre Bearbeitung berücksichtigt nicht nur das Alter der beteiligten Kinder, sondern auch üblicherweise gegebene organisatorische und zeitliche Rahmenbedingungen in Kitas.

Grundsätzlich entsprechen die Anforderungen zur Umsetzung der einzelnen Vorschläge vor allem Vorschulkindern, aber es wäre zu eng gefasst, würde man jüngere Kinder von solchen Aktionen generell ausschließen. Selbstverständlich sind jüngere Kinder nicht gleichermaßen wie ältere Kinder in der Lage, jede Handlungsanleitung erfolgreich umzusetzen. Hier ist Hilfestellung durch Erwachsene – oder ältere Kinder – wichtig und unverzichtbar. Andererseits zeigt gerade die Erfahrung in Kinderkrippen, wie früh und wie selbstbewusst bereits Kleinkinder ihr Interesse an allen möglichen Aktionen zu artikulieren verstehen. Finden in ihrer Umgebung interessante Versuche mit bestimmten Dingen statt, so wollen sie daran teilnehmen und sich auch selbst betätigen. Die Verfügbarkeit entsprechenden Hintergrundwissens ist hier nachrangig, entscheidend ist die Erfahrung, etwas Neues entdecken und etwas aus eigener Kraft bewirken zu können. Daher wird bei der Beschreibung der einzelnen Themen und Herangehensweisen generell auf Angaben zum Alter der Kinder verzichtet.

Ebenso erscheinen Angaben zu Gruppengröße und Zeitbedarf wenig sinnvoll. Zwar lässt sich mit kleineren Gruppen von etwa

sechs bis zehn Kindern meist besser arbeiten als mit einer größeren Gruppe, aber das muss nicht immer so sein. Und der Zeitbedarf für eine bestimmte Aktivität ergibt sich meist ohnehin mehr aus dem Interesse und der Ausdauer der Kinder als aus einer eindeutig festlegbaren Versuchsdauer.
Generell soll die teilweise ausführliche Darstellung der einzelnen Aktivitäten keinesfalls dazu verleiten, die beschriebenen Versuche und Aktionen nach einer feststehenden Rezeptur umzusetzen. Die Unterschiedlichkeit der beteiligten Kinder, verschiedene organisatorische und situative Bedingungen sowie zahlreiche Unwägbarkeiten im Ablauf einzelner Aktivitäten sorgen dafür, dass eine bestimmte Thematik auch bei wiederholten Ausführungen jedes Mal aufs Neue interessant und spannend ist.

1 Einleitung:

Die pädagogische Aufgabe

Neugier als Motor

Kinder sind von sich aus neugierig und ihre **Neugier** steht am Anfang jeden Interesses, jeder Untersuchung, jeder Hinwendung. Auch ist ihre Neugier hartnäckig und überwindet die größten Widerstände. Alles Neuartige oder Ungewohnte wird zu ihrem Objekt und im wörtlichen wie im übertragenen Sinn führt das oft weit vom Ausgangspunkt fort. Kinder sind Menschen, die nach dem Weg fragen, heißt es, und das sollte in einem sehr weiten Sinn verstanden werden.

Von besonderer Bedeutung ist in diesem Zusammenhang die Entwicklung der **intrinsischen Motivation**: Wie schon Piaget betonte, wird die Entwicklung kognitiver Strukturen bei Kindern durch eine aktive Auseinandersetzung mit ihrer jeweiligen Umwelt entscheidend begünstigt. Dazu braucht es keinerlei Belohnungen, denn unter der Voraussetzung einer ansprechenden und anregenden Umwelt sind Kinder von sich aus höchst motiviert, ihre Umgebung zu erkunden und auszuforschen. Im Gegensatz zu jener Motivation, die aufgrund äußerer Anreize zu einem bestimmten Verhalten oder Handeln führt (extrinsische Motivation), basiert die intrinsische Motivation auf Zielen, die sich das Individuum selbst setzt, und auf einem Gefühl der Belohnung aufgrund des Erreichens dieser Ziele aus eigener Anstrengung.

Es ist alles andere als einfach, als außenstehender Beobachter Art, Richtung und Stärke solcher Zielsetzungen zu erkennen, denn das, was ein Kind sich aus solch **eigenständigem Bestreben** vornimmt, entwickelt sich erst nach und nach. Dabei nimmt der Grad der Eigenständigkeit mitunter allmählich zu und natürlich können hier auch Wechselwirkungen mit äußeren Anreizen eine große Rolle spielen. Obwohl die intrinsische Motivation aufgrund ihrer Eigendynamik zu den für ein Individuum wichtigsten und nachhaltigsten Ergebnissen führen kann, entwickelt sie sich eher im Stillen. Man könnte vielleicht sogar so weit gehen zu sagen, dass es für das betreffende Kind selbst überraschend sein mag, wenn es plötzlich entdeckt, wie wichtig ihm eine bestimmte Sache geworden ist – nichts weniger als ein Ansatz erster Selbstreflexion.

Interesse und Neugier, konkretes Wissen und praktische Fertigkeiten bauen stets auf früheren Erfahrungen und Lernprozessen auf. Auf diese Weise bezieht sich jede Überlegung, Schlussfolgerung oder Fragestellung auf einen immer größer werdenden Schatz an Eindrücken und Assoziationen, Erinnerungen und lebensweltlichem Wissen. So wird von der frühesten Kindheit an ein **Wissensnetz** geknüpft, das seine Wirksamkeit gerade auch in unerwarteten Momenten entfaltet. Unzählige spontane Einfälle, merkwürdig erscheinende Erinnerungen und Assoziationen sind die plötzlich aufleuchtenden Knotenpunkte im unüberschaubaren Geflecht unseres Gedächtnisses.

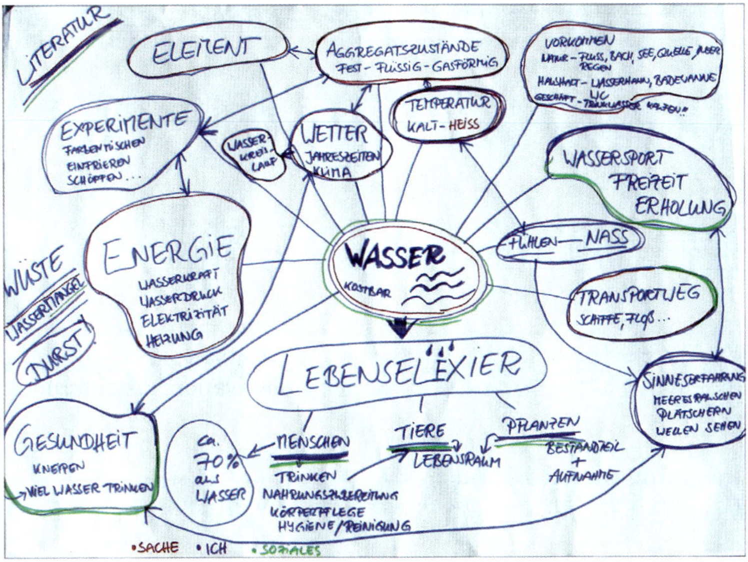

Hypothesen und Prüfungen

Worauf zielt Neugier ab? Gibt es unter den zahlreichen Anlässen für Neugierverhalten Gemeinsamkeiten? Und hier für uns vor allem interessant: Lassen sich allgemeine Beobachtungen für kindliches Neugierverhalten machen und beschreiben?

Ausgelöst durch eine **Orientierungsreaktion** geht es bei der Befriedigung von Neugier hauptsächlich um das Erfassen von Bedeutungen dessen, was wir wahrnehmen und was unsere Aufmerksamkeit fesselt. Neugier dient also nicht nur der Erkundung von Unbekanntem, sondern mindestens so sehr der Suche nach dem Sinn des Gefundenen oder Entdeckten.

Die Entwicklungspsychologie verwendet dafür den Begriff der **Exploration** und meint damit die aktive Erkundung der Umwelt durch ein Kind. Explorationsverhalten dient je nach Situation und individuellem Entwicklungsstand vielfältigen Zwecken von Bedürfnisbefriedigung bis hin zu anspruchsvollen Aufgaben des Problemlösens.

Der Faktor **Zeit** spielt für Lernen aller Art eine besonders wichtige Rolle. In vielen Fällen können wir beobachten, wie lange Kinder an einem bestimmten Vorhaben arbeiten und wie oft bestimmte, uns sehr einfach erscheinende Handlungsschritte dabei wiederholt werden. Die dafür aufgewendete Zeit ist alles andere als verschwendet: Die von einem Außenstehenden als vielleicht monoton erlebten Wiederholungen verraten bei genauem Hinschauen eine Fülle bemerkenswerter Details, Variationen und indirekter Fragestellungen des Kindes an den Gegenstand seines Interesses. Es handelt sich seinem Wesen nach um ein Vorgehen, das wir aus der Wissenschaft kennen: Eine bestimmte Beobachtung löst Fragen aus, aus denen Annahmen oder **Hypothesen** entwickelt werden. Diese Hypothesen wollen wiederum überprüft und getestet werden und nicht selten erwachsen daraus bereits die nächsten Fragen und Vermutungen.

Im Übrigen sollte nicht übersehen werden, dass bei einem solchen Vorgehen **Missgeschicke und Fehler** bei Weitem interessanter sind als Versuche, die auf Anhieb gelingen. Und unerwartete Ergebnisse sind Kindern oft sogar am liebsten, weil sie ihre Neugier erst recht befeuern.

Anregungen von außen

Unser Verständnis von Kindern ist über weite Bereiche davon geprägt, dass Kinder als unfertige, hilflose Wesen angesehen werden, die erst durch die Schule zu vollwertigen und moralisch handlungsfähigen Mitgliedern der Gesellschaft werden (vgl. Hengst/Zeiher, 2005). Damit werden nicht nur ihre Fähigkeiten gering geachtet, sondern auch ihr individuelles Entwicklungspotenzial wird dadurch nicht selten stark eingeschränkt.

Wenn es darum gehen soll, Kindern einen erweiterten Handlungs- und Erkundungsspielraum zu geben, so erfordert die **pädagogische Begleitung** zunächst vor allem die Organisation günstiger Rahmenbedingungen. Dazu zählen sorgfältige Überlegungen bezüglich des Platzbedarfs und bestimmter Sicherheitsfragen ebenso wie etwa die Frage nach dem grundsätzlichen Verhältnis zu Ordnung und Unordnung innerhalb eines pädagogischen Teams. Was die inhaltliche Arbeit einer Annäherung an naturwissenschaftliche Themen betrifft, so sind bestimmte physikalisch-naturkundliche Vorkenntnisse natürlich hilfreich, aber sie sind für die pädagogische Arbeit nicht entscheidend: Weit wichtiger ist, dass die betreffenden Erwachsenen selbst Lust und Neugier auf den Umgang mit Dingen, Stoffen, Materialversuchen und Werk-Experimenten haben. Es geht auch hier vor allem um persönlichen Austausch, intensive Kommunikation, Anregung und Unterstützung.

In der Entwicklungspsychologie findet man den Begriff der „Zone nächster Entwicklung“ (vgl. Vygotski, 1987). Gemeint ist damit, dass das Kind zunächst entscheidend durch **soziale Interaktionen** geprägt wird, die wiederum mittels mentaler Werkzeuge wie Sprache, Zeichen und Symbole **individuelle Lernerfahrungen** ermöglichen.

Die pädagogische Begleitung bedeutet auch im Bereich naturwissenschaftlicher Themen keineswegs eine umfassende naturkundliche **Wissensvermittlung**, die zudem gar nicht leistbar wäre. Die beste Annäherung an diesen riesigen Komplex an Fakten- und Erfahrungswissen ist auch für uns Erwachsene Neugier, Aufmerksamkeit und Interesse. Vergessen wir nicht, dass schon unsere eigenen (Kindheits-) Erinnerungen sehr viele elementare Naturerfahrungen bereithalten und wir oft nur einige Bindeglieder brauchen, um plötzlich den einen oder anderen Zusammenhang zu erkennen: die Tatsache beispielsweise, dass innerhalb eines geschlossenen Baumbestandes (Wald, Baumgruppe oder Hecke) ein Kleinklima herrscht, das im Winter höhere, im Sommer niedrigere Temperaturen als die freie Landschaft aufweist. Und plötzlich eröffnet sich uns gleichermaßen eine Kindheit des Höhlen- und Baumhäuser-Bauens wie ein grundlegendes Verständnis für die Überwinterungsstrategien mancher heimischer Wildtiere.

Eine besonders gute Gelegenheit für neue (Lern-)Erfahrungen bieten **Ausflüge** oder umfangreichere **naturkundliche Exkursionen**. Sie tragen nicht nur dem Bewegungsdrang und der Abenteuerlust von Kindern Rechnung, sondern bieten auch Anlass für vielfältige Entdeckungen und Fragen.

Im Umgang mit solchen Fragen treten nun häufig zwei Schwierigkeiten auf: Entweder wird das Verständnis der Kinder für diese Zusammenhänge unterschätzt – was zu eher knappen und oberflächlichen Antworten führt. Oder man reagiert mit spürbarer Verunsicherung, selbst nicht genügend zu wissen – was dann gerne mit irgendeinem Ablenkungsmanöver kaschiert wird. Für Kinder sind beide Reaktionen wenig befriedigend.

Die pädagogische Begleitung sollte stets auf den genau gegenteiligen Effekt zielen: die Kinder neugierig und erfinderisch zu lassen und ihnen dabei vielleicht weitere Anregungen zu geben, sie mit eigenen Fragen herauszufordern, und **Mut und Lust auf Entdeckungen** zu machen. Kinder lieben zwar das eigenständige und zweckfreie Spiel im Wald oder am Wasser über alles, aber wenn sie etwas entdeckt haben, das ihnen Rätsel aufgibt und zu weiterer Erkundung reizt, sollten wir sie darin bestärken und uns vielleicht am besten mit ihnen gemeinsam auf die Suche nach Antworten machen.

Aktionsräume und Lernfenster

Der **Aufenthalt im Freien**, in einem Außengelände der Einrichtung und mehr noch im Rahmen von Ausflügen und anderen Unternehmungen in der Umgebung bietet Kindern eine große Anzahl an Erfahrungs- und Betätigungsmöglichkeiten. Ihr pädagogischer Wert wird vielfach immer noch unterschätzt, da sich die Wirkungen solcher Erlebnisse und Erfahrungen erst nach und nach entfalten.

Es ist aber unbestritten, dass Kinder sich dabei wichtige Kompetenzen aneignen und diese immer wieder trainieren und verfeinern. Neben vielfältigen **Wahrnehmungs-, Beurteilungs- und Orientierungsleistungen** spielen im freien Gelände vor allem Aspekte der körperlichen Leistungsfähigkeit sowie Ausdauer und Umgang mit überraschenden Situationen eine große Rolle. Sicherlich werden diese Kompetenzen auch in anderen Zusammenhängen erworben, aber gerade die im Detail gegebene Unvorhersehbarkeit natürlicher Entwicklungen und Phänomene macht den Aufenthalt im freien Gelände für Kinder so spannend und wichtig.

Jüngere Kinder interessieren sich häufig sehr intensiv für **Kleinlebewesen** aller Art: Würmer und Schnecken, Käfer, Asseln, Spinnen, Schmetterlinge, Bienen und viele andere mehr. Erwachsene stellt dieses Interesse oft gleich in zweierlei Hinsicht vor gewisse Schwierigkeiten: Einerseits sind etliche Tiere wie Asseln, Spinnen und verschiedene Hautflügler vielen Menschen eher unheimlich, und sie reagieren darauf nicht selten mit Angst oder Ekel. Andererseits gibt es gerade in diesem Bereich naturkundlichen Wissens oft große Defizite, und die Fragen und das Interesse der Kinder können nur unzureichend beantwortet werden. Es liegt dabei auf der Hand, dass diese beiden Schwierigkeiten viel miteinander zu tun haben. Dennoch sollten Erzieher dieser Thematik nicht ausweichen, denn gerade in der frühen Kindheit werden entscheidende Weichen gestellt, wie wir mit anderen Lebewesen umgehen, welchen Eigenwert wir diesen Organismen zugestehen und inwiefern wir uns als Teil einer Gesamtheit natürlicher Zusammenhänge begreifen können.

Je nach Jahreszeit, Umgebung und Alter der Kinder lassen sich für Aktivitäten im freien Gelände verschiedene Akzente setzen. Besonders interessant sind dabei **Exkursionen** in ein Feuchtgebiet, an einen Tümpel oder einen Bach. Im Vorfeld einer solchen Unternehmung ist es wichtig, das Gelände selbst genau zu erkunden, um etwaigen Risiken begegnen zu können. Außerdem wird man dabei leicht herausfinden können, welche Wege und Plätze für die Kinder besonders gut geeignet sind, welche Entfernungen zurückgelegt werden müssen, wo ein guter Rastplatz liegt und welche Eventualitäten sonst noch zu beachten sind.

Es ist sinnvoll, denselben Bach oder Tümpel mit den Kindern regelmäßig oder wenigstens immer wieder aufzusuchen. Ein bereits vertrautes Gelände erleichtert nicht nur die Organisation des Ausflugs, sondern die Kinder entdecken von Mal zu Mal mehr Details und erleben auch intensiver jahreszeitliche Veränderungen des jeweiligen Areals.

Die Erfahrungen mit **regelmäßig durchgeführten Exkursionen** zeigen auch immer wieder positive Auswirkungen auf Ausdauer und körperliche Leistungsfähigkeit der Kinder. Sind manche Kinder beim ersten Mal bereits sehr schnell müde und quengelig, können dieselben Kinder bald schon nicht mehr genug davon bekommen, ihre Ausdauer und Kraft zu erproben und unter Beweis zu stellen. Das stärkt nicht nur ihr eigenes Selbstbewusstsein, sondern überträgt sich auch auf die anderen Kinder einer Gruppe, motiviert zu immer neuen Herausforderungen.

Solche Unternehmungen können durchaus ein gewisses Gegengewicht zu den heute weitverbreiteten Bewegungsdefiziten von Kindern bieten. Wie der Sozialwissenschaftler Baldo Blinkert und viele andere bereits seit Jahren betonen, stellt der Verlust kindlicher **Aktionsräume** eine maßgebliche und folgenschwere Belastung für die kindliche Entwicklung dar (vgl. Blinkert, 1993). „Kinderreservate", wie öffentliche Spielplätze und andere spezielle Einrichtungen für Kinder auch bezeichnet wurden, bringen sicherlich viele Vorteile, können aber das stärker selbst organisierte, ergebnisoffenere und variantenreichere Geschehen am Rand oder außerhalb pädagogischer Einrichtungen nicht ersetzen.

Ausflüge und andere Veranstaltungen außerhalb der Räumlichkeiten von Kinderkrippe und Kindergarten stellen in gewisser Weise einen

Übergangsbereich zwischen angeleiteten pädagogischen Angeboten in der jeweiligen Einrichtung und einem freien Agieren in Peergroups dar. Draußen, während einer Exkursion oder eines einfachen „Waldtages“, findet eine Form des Lernens statt, die mehr als sonst auf sozialen und kommunikativen Prozessen beruht. Es handelt sich gerade hier um das Konzept des **Entdeckenden Lernens**, das auf kognitionspsychologischen Erkenntnissen basiert und vor allem von dem amerikanischen Psychologen Jerome Bruner entwickelt wurde (vgl. Schulmeister, 2007).

Auch wenn die Bezeichnung Entdeckendes Lernen heute in sehr allgemeiner Weise und gelegentlich bereits in der Umgangssprache verwendet wird, sollte seine Bedeutung klar umrissen sein. Schulmeister hebt hier vor allem einen Aspekt deutlich hervor: Lernen darf nicht ausschließlich als von außen gesteuerter Prozess gesehen werden, sondern ist ein aktiver, selbst gesteuerter Vorgang des Individuums. Dabei lassen sich verschiedene Aspekte unterscheiden, die allerdings miteinander verbunden sind und ineinander übergehen:

- **Exploration** als beobachtende, erforschende und kommunizierende Tätigkeit
- **Reflexion** als Akt des gedanklichen Durchdringens eines Phänomens
- **Konstruktion** als Bauen oder Gestalten von Produkten oder tätige Mitwirkung an solchen Prozessen

Eine Gegenüberstellung herkömmlicher programmierter Lernmethoden mit der Methode des Entdeckenden Lernens zeigt weitreichende Unterschiede:

Programmiertes Lernen	Entdeckendes Lernen
Lernen portionsweise in (kleinen) Schritten	Lernen in (oft assoziativ entstandenen) Sinnzusammenhängen
Ablauf des Geschehens von außen genau geplant und kontrolliert	Ablauf des Geschehens durch Anregungen und zurückhaltende Hilfestellung
Aufgaben nach Schwierigkeitsgrad gestuft	Keine fest vorgegebene Reihung der Arbeitsschritte – Notwendigkeit, selbst einen gangbaren Weg zu finden

Programmiertes Lernen	Entdeckendes Lernen
Methodenvielfalt häufig stark eingeschränkt	Methodenwissen meist größer und vielfältiger angewendet
Eine bestimmte Lösung ist als die (einzig) richtige Lösung zu erreichen.	Ergebnisoffenheit – Weg wichtiger als (ein bestimmtes) Ziel
Verlässlich zu planen und zu organisieren, relativ geringer Zeitaufwand (gute Verfügbarkeit didaktischer Hilfsmittel)	Häufig von Überraschungen bestimmt, oftmals aufwendiger in Organisation und Zeitbedarf
Lernerfolg gut überprüfbar, aber nicht selten kurzfristig und oberflächlich	Lernerfolg schwer bestimmbar, aber oft sehr nachhaltig, da mit mehr innerer Beteiligung und verbesserte Gedächtnisleitung aufgrund der Nutzung mehrerer „Kanäle“

Entdeckendes Lernen meint damit alle selbstbestimmten Lernprozesse, die zum Wissenserwerb mithilfe des eigenen Verstandes beitragen, und bietet sich selbstverständlich nicht nur für die Vermittlung (natur-)wissenschaftlicher Erkenntnisse und Arbeitsweisen an.

Materialien und Hilfsmittel

Aktivitäten wie bestimmte naturwissenschaftliche Versuche erfordern geeignete Materialien. Die für die hier vorgestellten Experimente und Arbeitsvorhaben nötigen Hilfsmittel werden bei den einzelnen Anleitungen aufgeführt. Darüber hinaus sollte den Kindern aber eine Fülle weiterer Materialien und Hilfsmittel zur Verfügung stehen, die sie nach Möglichkeit ohne Einschränkungen jederzeit nutzen können. Ausgenommen davon sind sicherlich besondere Werkzeuge oder wertvollere Geräte, die nur gemeinsam mit einem Erwachsenen verwendet werden dürfen. Alle anderen Dinge sind als **Basismaterial** anzusehen, das im zweckfreien Spiel ebenso wie im Zusammenhang mit einer bestimmten Versuchsanordnung genutzt werden kann. Dinge, mit denen Kinder einfache naturwissenschaftliche Versuche anstellen können, sollten möglichst auch Dinge sein, die Lust machen auf Berühren und Kennenlernen, Fragen auslösen und zum Tun auffordern.

Zunächst handelt es sich dabei um ganz einfache Dinge, aus denen Kinder oft bereits eine eigene **Materialsammlung** aufbauen, zum Beispiel bunte Steine, Glasscherben, Schneckenhäuser, Bohnensamen, Seeigelgehäuse, Wachsreste, Blüten, Zapfen, Versteinerungen, Stickers, Schrauben, Glimmerplättchen, Schachteln. Es gibt unglaublich viele Dinge, die Kinder zum Sammeln reizen. Dahinter steckt immer auch Neugier und Wissbegierde: Was ist das hier eigentlich? Woraus besteht dieses Ding? Warum sieht das so aus? Was lässt sich damit machen?
Wenn zum einen das andere kommt, wenn in der wachsenden Zahl ähnlicher oder gleichartiger Dinge Unterschiede und Vielfalt entdeckt werden, wächst nicht nur die Begeisterung über diese Sammlung, sondern es tun sich auch neue Fragen und Rätsel auf: Warum ist das anders? Ist das das Gleiche? Wie viele verschiedene Arten oder Formen gibt es hier noch?

Vieles einer kunterbunten Materialsammlung werden wir dem Bereich der unbelebten Dinge zuordnen, aber bereits mit einem solchen Definitionsversuch betreten wir die Welt des Lebendigen, die Welt der Pflanzen und Tiere. Welche Dinge sind pflanzlicher Natur? Welche Steine zeigen Spuren tierischen Lebens? Wie sieht eine Vogelfeder aus, wenn man sie mit einer Lupe betrachtet?

Die Fragen, die Kinder über ihre Funde stellen, wollen beantwortet sein. Nicht immer sind es leichte Fragen, immerhin weisen sie oft weit in den Bereich chemischen oder biologischen Wissens. Mit der Suche nach Antworten – am besten mit den Kindern gemeinsam – befinden wir uns bereits mitten in dem, was in Bildungsplänen als **„Gestalten von Lernprozessen“** bezeichnet wird: z. B. Orientierung an Wahrnehmung, Aufnahmefähigkeit und Interessiertheit der Kinder, spielorientiertes Lernen oder auch Berücksichtigung der beiden Ebenen des Lernens: Erwerb konkreten inhaltlichen Wissens und Annäherung an den Prozess des Lernens selbst. Genau das und noch mehr geschieht jedenfalls, wenn Erwachsene mit Kindern über allerlei Materialien ins Gespräch kommen.

Mit einem einfachen Instrument lassen sich Kinder anleiten, gezielt und dennoch ohne allzu strenge Festlegung besondere Dinge zu suchen und zu finden: mit einer **Suchliste**, die für verschiedene Rahmenbedingungen und Anlässe leicht selbst erstellt werden kann. Solche Suchlisten finden ihren Einsatz bei Gruppenspielen im Gelände oder zu einem besonderen Anlass, zur Auflockerung einer Wanderung mit Kindern oder auch bei einer Exkursion zum gezielten Kennenlernen und Bestimmen von Naturmaterialien, Pflanzen oder Spuren.

Bei der Verwendung solcher oder ähnlicher Sammellisten sind ein paar praktische Dinge zu beachten: So sollten die gesuchten Materialien im entsprechenden Gelände wirklich zu finden sein, allerdings auch nicht allzu zahlreich vorkommen. Unter Umständen ist der Hinweis wichtig, dass keine Tiere „gesammelt" werden sollten und auch keine sehr seltenen, besonderen Pflanzen gepflückt werden dürfen. Im Regelfall wird man darauf schon bei der Zusammenstellung einer solchen Liste achten. Außerdem sind natürlich jahreszeitliche Besonderheiten interessant, der (sinnvolle) Umfang der Liste sowie die Frage der Ausrüstung der Kinder: Sammelbehälter, vielleicht Pflanzenscheren und kleine Lupen.

Auch eine Zusammenstellung geeigneter **Werkzeuge, Hilfsmittel und Geräte** kann immer nur als Richtschnur dienen. Was im einen Fall vielleicht zu umfangreich oder zu problematisch erscheint, wird in einer anderen Einrichtung möglicherweise noch durch eigene Ideen und Vorstellungen erweitert. Außerdem sollten eventuell auch die Eltern in diese Überlegungen einbezogen werden, insbesondere dort, wo die Einführung „unkonventioneller" Gerätschaften Befürchtungen auslösen könnte.

Statt einer Bestellung nach Katalog oder Liste ist es viel sinnvoller – und vielleicht auch spannend und anregender –, gemeinsam mit Kollegen nach Läden und Gelegenheiten Ausschau zu halten, wo interessante Dinge erhältlich sind. Das kann ein Flohmarkt ebenso sein wie ein Fundbüro, eine Haushaltswarenhandlung oder ein Schraubenfachgeschäft, eine Sperrmüll-Sammelstelle oder ein Handwerksbetrieb. Vielleicht gibt es sogar die Möglichkeit, die eine oder andere Suche gemeinsam mit den Kindern zu unternehmen.

Am reizvollsten und interessantesten sind dabei für Kinder oft jene Gegenstände, die aus der Arbeitswelt der Erwachsenen (ihrer Eltern) stammen. Dabei handelt es sich eben um „echte" Materialien und Werkzeuge, deren Gebrauch eine Atmosphäre bedeutender Handlungen schafft.

Darstellung und Präsentation

Die Darstellung der pädagogischen Arbeit kann auf sehr unterschiedliche Weise erfolgen und ist in Art und Umfang von verschiedenen Aspekten abhängig. Je nach den darzustellenden Inhalten, der jeweiligen Zielsetzung und natürlich der Zielgruppe, die angesprochen wird, bieten sich verschiedene Ansätze, Methoden und Formen an. In jedem Fall aber dient eine solche **Bildungsdokumentation** der Qualifizierung der jeweiligen pädagogischen Arbeit.

Im Vordergrund der meisten Präsentationen steht das Anliegen, den Eltern der Kinder zeigen zu können, welche Themen mit den Kindern besonders intensiv und erfolgreich bearbeitet wurden.

Es sollte aber nicht übersehen werden, dass Foto-Ausstellungen im eigenen Haus und andere Präsentationsformen vor allem für die Kinder einen sehr hohen Stellenwert besitzen. Für sie bedeutet das eine besondere Wertschätzung ihres Tuns. Außerdem bringen visuell ansprechende Zusammenfassungen das Erlebte allen Beteiligten nochmals in Erinnerung und helfen, Gelerntes zu vertiefen. Damit können Kinder auch ein Bewusstsein für ihre **eigene Entwicklungsgeschichte** gewinnen – eine wichtige Grundlage für den Erwerb von Schlüsselqualifikationen wie Selbstreflexionsfähigkeit, Dialogfähigkeit und Selbstorganisation.

Jede gute Präsentation erfordert zusätzliche Arbeit. Es genügt nicht, lediglich ein paar Fotos aneinanderzureihen, sondern es muss zunächst in einem Konzept entwickelt werden, was vorgestellt werden soll, zu welchem Zweck und für wen das Ergebnis bestimmt ist.
Es geht um das Ordnen von Gedanken und Ideen, Materialien und Formen.

Originelle und überraschende **Präsentationsideen** sind dabei sicherlich wertvoll, sollten aber die Verständlichkeit der Aussage nicht beeinträchtigen. Das heißt, die Darstellung insgesamt sollte klar strukturiert und alle wichtigen Texte gut lesbar sein, damit das zentrale Anliegen der Präsentation deutlich wird.

Ein wenig anders verhält es sich, wenn Arbeiten der Kinder vorgestellt werden. In diesem Fall stehen Produkte im Mittelpunkt, die ihre Wirkung oft aus einer chaotisch und regellos anmutenden Darstellungsform beziehen. Das darf und soll auch so vermittelt werden. Die Präsentation insgesamt wird hier vor allem auf einen entsprechenden Rahmen achten müssen, um die Werke der Kinder auch dann zur Geltung zu bringen, wenn sie vergleichsweise klein und unscheinbar sind.

Es gibt zum Glück für **Präsentationen** keine festen Regeln. Das macht die Planung und Vorbereitung zwar nicht gerade einfacher, aber dafür lassen sich viele Freiräume finden. Wer Lust hat, selbst zu entwerfen und zu gestalten, wird diese Freiräume zu nutzen verstehen.

Dort, wo es darum geht, die Erarbeitung naturwissenschaftlicher Themen vorzustellen, steht man allerdings nicht selten vor einem methodischen Problem: Oft lassen sich die Ergebnisse bestimmter Versuche und Experimente nur schlecht dokumentieren, weil das Spannende eben im Prozess selbst liegt oder weil es sich um Beobachtungen handelt, die sich über einen längeren Zeitraum erstrecken. In anderen Fällen ist gerade das Kleine, Unscheinbare das eigentlich Wichtige: Die Erforschung von Kleinlebewesen mittels Lupe oder Mikroskop erfordert zusätzlichen technischen Aufwand wie Makrofotografie, will man das Entdeckte später anderen zeigen. Dennoch sind Dokumentationen solcher Projekte gerade auch deshalb sinnvoll, weil sie zu einer intensiven Nachbearbeitung des Erlebten zwingen. So wird man sich für die Erstellung einer entsprechenden Präsentation – wenn möglich sogar gemeinsam mit den Kindern – auch nochmals mit den Varianten eines Versuchs auseinandersetzen, der nicht wie eigentlich geplant abgelaufen ist: Welche Materialien waren für einen bestimmten Versuch eher geeignet, welche eher ungeeignet? In welchen Punkten war die Versuchsanleitung, die man zur Vorbereitung des Experimentes herangezogen hatte, hilfreich und wo haben sich überraschende andere Ergebnisse gezeigt?

Die Ideensammlung im Überblick

Die vorliegende Sammlung bietet die Gelegenheit, mithilfe genauer Anleitungen Kindern verschiedene biologische Phänomene verständlich und nachvollziehbar zu machen. Dabei geht es wie auch in anderen Bereichen der Umweltbildung um weit mehr als ein bestimmtes Einzelwissen. Es geht um ein **Verständnis für Zusammenhänge und Wechselwirkungen**. Das erfordert neben naturwissenschaftlichen Grundkenntnissen auch ein gewisses kulturelles Hintergrundwissen und vielleicht sogar ein Verständnis für bestimmte historische Entwicklungen. Das klingt nicht nur anspruchsvoll – es *ist* anspruchsvoll. Wer sich aber einmal auf das Wagnis einer fachübergreifenden Betrachtungs- und Arbeitsweise einlässt, stellt rasch fest, dass ein

Prozess in Gang kommt, in dem sich vieles wie von selbst entwickelt. Die Fragen der Kinder, ihre Neugier und ihr Erfindungsreichtum bleiben ohnehin nicht gerne an einem Punkt stehen, und ehe man sich's versieht, entsteht aus einer kleinen Versuchsanordnung ein ganzes Bündel an weiterführenden Fragen, Problemen, Ideen.

Trotz aller Einzelanleitungen soll aber nicht übersehen werden, dass es bei der Vermittlung naturwissenschaftlicher Inhalte keinesfalls nur darum gehen sollte, lediglich bewährte Versuche, Arbeitsschritte und Nachweismethoden zu kopieren. Das hilft sicherlich oft, eine Aufgabe besser zu verstehen und sich mit dahinterstehenden Fragestellungen vertraut zu machen. Für die Arbeit mit Kindern im Vorschulbereich ist es mindestens so wichtig, Raum und Zeit zum **freien Experimentieren** und „Spielen" zu geben.
Aus diesem Grund sollten Materialien und diverse Werkzeuge und Hilfsmittel möglichst allgemein nutzbar und verfügbar sein. Das heißt auch, sie sollten nach Möglichkeit nicht bloß auf einen einzelnen Arbeitsbereich zugeschnitten, sondern vielfältig einsetzbar sein.

Für die pädagogische Praxis lassen sich drei Techniken unterscheiden (vgl. Textor, o. J.):

* **unmittelbare Naturbeobachtungen** und die Möglichkeit für bestimmte Entdeckungen
* **Experimente und Versuche** mit mehr oder weniger intensiver Anleitung
* **Projekte** mit umfassenden Aufgaben- und Fragestellungen

In dieser Gliederung steckt eine Ordnung nach zunehmender Komplexität und es soll damit vor allem deutlich werden, wie facettenreich Umweltbildung sein kann. Welche Vorgehensweise dann im Einzelnen gewählt wird und wie umfangreich ein bestimmtes Vorhaben entwickelt werden kann, hängt sowohl von inhaltlichen als auch von organisatorischen Faktoren ab. Deshalb folgen die einzelnen Ideen und Handlungsanleitungen einer eher lockeren, assoziativen Gliederung, bei der Querverweise nicht nur in vielfältiger Weise möglich sind, sondern ausdrücklich mitgedacht werden.

Grundsätzlich sollte bei der Durchführung der einzelnen Vorhaben dem Faktor **Zeit** immer besondere Aufmerksamkeit gewidmet werden. Im Vergleich zu den in der „Expedition Erde" vorgestellten Versuchen und Experimenten benötigen pflanzliche und andere Wachstumsprozesse sowie Tierbeobachtungen oft sehr viel mehr Zeit. Außerdem können bestimmte biologische Versuche nur in einem

Gartengelände oder im Rahmen von Exkursionen in die Umgebung der Einrichtung durchgeführt werden. Dennoch sollte die Umsetzung dieser Ideen wenigstens größtenteils prinzipiell überall möglich sein.

Von der Idee zur Ausführung

Die vorgestellten Handlungsideen sind nach inhaltlichen Überlegungen in Kapiteln zusammengefasst, um bestimmte Zusammenhänge besser verdeutlichen zu können. Für die Umsetzung ist diese Reihung aber nachrangig. Wichtiger ist hier, Versuche auszuwählen, die der jeweiligen Jahreszeit und einem bestimmten Gelände entsprechen. Insbesondere jene Vorschläge, die sich Pflanzen und Wachstumsprozessen widmen, können sinnvollerweise nur zu bestimmten Zeiten im Jahr durchgeführt werden.

Außerdem kann es sinnvoll sein, sich mit einer bestimmten Idee mehrmals hintereinander zu beschäftigen, um etwa Variationsmöglichkeiten auszuprobieren. Und selbstverständlich wird bei der Auswahl der Versuche das Alter und Vorwissen der Kinder eine entscheidende Rolle spielen – und nicht zuletzt die eigene Neugier und Lust auf ein bestimmtes Thema.

Wie bereits angesprochen wurde, steht aber das Gelingen eines Versuchs nicht an erster Stelle. Wichtiger ist, das Interesse der Kinder auf einen Gegenstand oder Prozess zu lenken, der fast immer eine große **Bandbreite an Erprobungs- und Gestaltungsmöglichkeiten** mit sich bringt. Dennoch: Will man bestimmte Ergebnisse erzielen, engt sich der Handlungsspielraum ein. Nicht jedes Material, nicht jeder Ablauf führt zum gewünschten Ergebnis, auch wenn es zu den hier genannten Vorgehensweisen noch zahlreiche Alternativen gibt, die nicht weniger spannend und sinnvoll sein mögen.

Die Handlungsideen sind meist folgendermaßen aufgebaut:

* **Kurz gefasste Erläuterung der Thematik**

Hier werden grundlegende Überlegungen angesprochen, die der Handlungsidee zugrunde liegen und zu ihrem Verständnis beitragen. Fallsnötig, finden Sie hier auch Hinweise auf methodische Besonderheiten und zu erwartende Nebeneffekte.

* **Materialliste**

Die Auflistung der Materialien, die für den jeweiligen Versuch benötigt werden, erleichtert Ihnen die Vorbereitung. Die meisten Materialien und Hilfsmittel sind Alltagsgegenstände. Entweder sind sie ohnehin in Ihrem Haushalt zu finden, oder Sie können sie in einem

Supermarkt, Gartencenter oder Baumarkt kostengünstig und leicht beschaffen.
Vielfach sind bereits bei der Materialwahl zahlreiche Alternativlösungen möglich. Dort, wo es auf die Verwendung ganz spezieller Dinge ankommt, um ein bestimmtes Ergebnis zu erzielen, wird darauf hingewiesen.

* So kann es gemacht werden

Die Beschreibung der jeweiligen Vorgehensweise bei der Umsetzung der Versuche wird vielfach mittels Fotos ergänzt, auf denen entscheidende Situationen oder Zwischenschritte zu sehen sind. Insbesondere bei Vorschlägen, die Ihnen völlig neu und unvertraut sind, empfiehlt es sich, den Versuch zunächst für sich selbst oder gemeinsam mit Kollegen zu erproben.

* Das macht Kinder neugierig und aktiv

Die Kinder sollten die Handlungsideen weitgehend selbsttätig umsetzen. Die pädagogische Begleitung wird sich daher darauf beschränken, neben der Organisation der nötigen Rahmenbedingungen zunächst jene Fragen zu beantworten, die sich unmittelbar aus dem Geschehen ergeben. Darüber hinaus können und sollen aber auch weitere Fragen formuliert werden, die dazu dienen, Kinder gezielt auf die eine oder andere Besonderheit des Versuchs aufmerksam zu machen. Andere Fragen können wiederum auf die Herstellung von Analogien zum Alltag gerichtet sein: Wo finden wir diese Form sonst noch? Kannst du dir vorstellen, andere Pflanzen auch so wachsen zu lassen?
Diese Fragen können nur einige wenige Vorschläge für die erwachsenen Begleitpersonen sein.

* Das kann man erkennen

Hier werden die wichtigsten Beobachtungen zusammengefasst. Selbstverständlich handelt es sich dabei um eine Auflistung, die nur allgemeine Ergebnisse umfasst. Im Einzelfall zeigen sich meist viele weitere Aspekte, deren Wahrnehmung von den jeweiligen Umständen ebenso wie von der Aufmerksamkeit der Beobachter abhängt. So wird man immer wieder auch auf widersprüchlich erscheinende Phänomene stoßen, die vielleicht nicht immer auf Anhieb erklärt werden können. Häufig liegt die Ursache für solche überraschenden Beobachtungen in Umwelteinflüssen wie Materialqualität, Temperaturunterschieden und anderen Faktoren. Das muss aber keineswegs immer störend sein. In etlichen Fällen werden die Versuche dadurch erst recht interessant und führen zu weiteren Ideen und Variationsvorschlägen.)

* Das könnte auch interessant sein

Die Ergänzungen zum theoretischen Hintergrund der jeweiligen Handlungsidee greifen weitere Aspekte auf, die zum besseren Verständnis von Versuchsanordnung, -ablauf und -ergebnis hilfreich sein können. Sie sind an die erwachsenen Begleitpersonen gerichtet. Bei entsprechend intensiver Auseinandersetzung mit dem Thema können die hier angesprochenen Aspekte in vereinfachter Form auch den Kindern vermittelt werden.

2 Themen, Projekte und Ideen

2.1 Wege des Wassers

Ordnen, zerstören und neu ordnen

Wasser formt und prägt die Landschaft

Auch ohne jedes menschliche Zutun befindet sich die Oberfläche unseres Planeten in ständiger Veränderung. Gelegentlich stehen dahinter große bis katastrophale Einzelereignisse wie Erdbeben oder Vulkanausbrüche, aber im Grunde sind die alltäglichen und oft häufig unterschätzten Kräfte von Sonneneinstrahlung und Niederschlägen, Wind und Wellenschlag wohl weitaus wirkungsvoller. Sie formen in vielfältiger Weise und unaufhörlich die Gestalt der Erde, wobei sie sich oft gegenseitig verstärken und die **Abtragung** und Umlagerung von Gesteinen aller Art bewirken.

Ausmaß und Geschwindigkeit der Abtragungsprozesse werden dabei im Wesentlichen von der Schwerkraft bestimmt und je nach Ergebnis lassen sich verschiedene Formen unterscheiden: Abschwemmung von Boden bis hin zu Hangrutschungen, Veränderungen bei Flussufern und Meeresküsten, Verlandung von Seen und vieles andere. Alle diese Effekte werden mit dem Begriff **Erosion** erfasst, wobei je nach Hauptursache der Massenverlagerungen zwischen Wind- und Wassererosion unterschieden wird. Die Ablagerung des transportierten Materials wird allgemein als **Sedimentation** bezeichnet.

Die formende Kraft des Wassers zeigt sich im Kleinen wie im Großen an zahlreichen Beispielen, angefangen von den Dingen und Stoffen, die fließendes Wasser bewegen und transportieren kann, bis hin zu den Veränderungen von Hängen, Fließrinnen und Ufern.

Erosion = Abtrag und Verlagerung von Bodenmaterial durch Wasser oder Wind, insbesondere bei vegetationsfreien und geneigten Hanglagen. Stärke der Erosion abhängig von Niederschlagsmenge oder W13796257indstärke, Bodeneigenschaften, Hanglänge und Hangneigung, Art und Dichte des Bewuchses, Art der Bewirtschaftung, Erfolg von Bodenschutzmaßnahmen.

Sedimentation = Ablagerung von Bodenmaterial wie Steine, Sand oder Erde nach entsprechendem Transport in tiefer liegende Bereiche bis hin zur Absetzung von Feinteilchen auf Gewässerböden (Seen, Meere).

Spuren des Wassers

Auf seinem Weg verändert Wasser in vielfältiger Weise die Oberfläche einer Landschaft – und vor allem in Karstgebieten auch den Untergrund. **Erosions- und Sedimentationsprozesse** gehen dabei Hand in Hand. Dabei spielt auch eine große Rolle, wie der betreffende Boden beschaffen ist. Auf lockeren, kiesigen Böden kann ein Großteil des Wassers auch versickern, während schwere, lehmige oder stark verdichtete Böden Wasser nur sehr langsam oder gar nicht aufnehmen. Erst recht trifft das auf versiegelte Flächen zu, auf denen das Wasser stehen bleibt oder – bei entsprechender Geländeneigung – den nächstbesten Abfluss sucht.

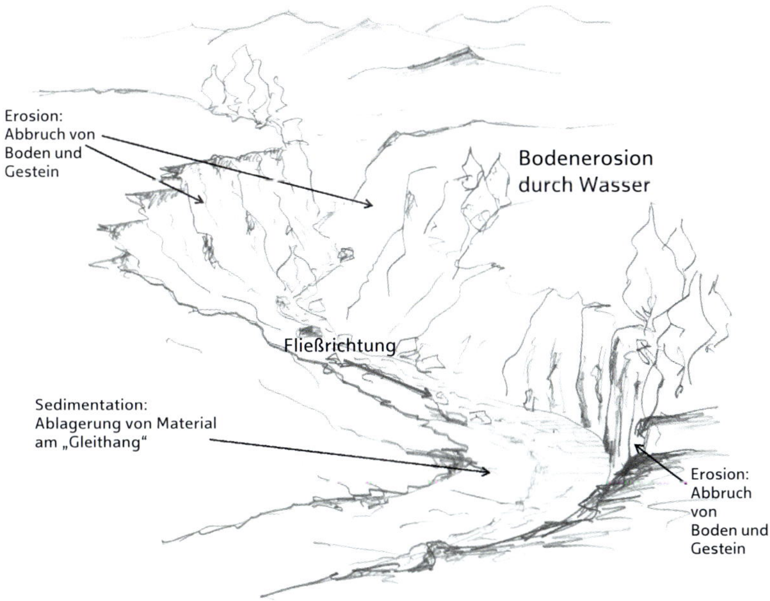

(© H. Österreicher)

Materialliste

- lange Holzplatte mit seitlich angebrachten Leisten (alternativ: große, flache Wanne, am besten länglich)
- Wasserzufuhr mittels Gartenschlauch oder Gießkanne
- Steine und Sande in unterschiedlichen Größen (Körnungen)
- etwas Erde und eventuell ein paar kleinere Pflanzen (Gräser, Moos)
- einige kleine Holzstücke wie Brettchen oder Bauklötze
- 1 Lupe (bei älteren Kindern)

So kann es gemacht werden

Zunächst wird die Holzplatte (oder Wanne) so aufgestellt, dass sie an einer Seite etwas erhöht steht. Dann geben die Kinder Steine, Sande und Holzstückchen auf die Fläche, wobei es ihnen überlassen ist, wie sie die Materialien dort anordnen. Wenn sie mit der Gestaltung dieser „Miniaturlandschaft" fertig sind, lässt man am oberen Ende der Fläche langsam Wasser einfließen ...

TIPP

Bei tropfenweiser Wasserzuführung wird der Versuch zum Langzeitexperiment. Außerdem könnten die Materialien eventuell nur auf der oberen Hälfte der Platte angeordnet werden, um das Abschwemmen von Sand, Erde etc. besser verfolgen zu können.

Das kann man erkennen

* Das Wasser sucht sich den Weg des geringsten Widerstandes.
* Große Steine bleiben liegen.

* Je feiner und leichter die Teilchen, desto rascher und weiter werden sie vom Wasser vom ursprünglichen Ort wegtransportiert.
* Bei sehr geringer Neigung der Fläche bilden sich unregelmäßig schlängelnde Wasserläufe (Mäander).

Das macht Kinder neugierig und aktiv

* Was passiert, wenn viel oder wenig Wasser zugeleitet wird?
* Wie wirkt sich die unterschiedliche Neigung der Fläche aus?
* Kannst du zwei Zeichnungen machen, um zu zeigen, wie die Sand-Stein-Holz-Landschaft vor und nach der Wasserzufuhr aussieht?
* Können wir eine solche Sandlandschaft gegen die Zerstörung durch das Wasser schützen? Wie könnte das gehen?

Das könnte auch interessant sein

Fließendes Wasser folgt dem Gesetz der Schwerkraft und bahnt sich seine Wege, indem es jede Möglichkeit nutzt. Je größer die **Fließgeschwindigkeit**, desto mehr Material kann es bewegen und verlagern. Dort hingegen, wo die Fließgeschwindigkeit abnimmt, kommt es zur Ablagerung der Stoffe – zunächst der schweren Teile, zuletzt des Feinmaterials. So wird in jedem Fließgewässer das bewegte Material sortiert: An Stellen ruhigeren Wassers sammelt sich Schlick und feiner Sand, während sich gröberes Material eher im Strömungsbereich befindet.

Bemerkenswert ist auch das **Verhalten der Materialien**, die das Wasser mittransportiert: Kies und grober Sand werden nur bei stärkerer Strömung aufgewirbelt, während Lehm und Ton länger vom Wasser mitgenommen werden. Vor allem diese Stoffe machen das

Wasser trüb und setzen sich erst nach längerer Zeit ab. Auch Humusteilchen bleiben lange in der Schwebe. Zudem färben sie das Wasser – und später die betreffenden Ablagerungen (Sedimente).

Besonders gut können Kinder diese Effekte an einem größeren Sand-Wasser-Spielplatz sehen, wenn sie Staudämme bauen und Wasser von einem Becken in ein anderes umleiten.
Ein solches Experiment spricht Kinder jeden Alters an und wird schon von den Jüngsten fasziniert verfolgt. Ein konzentrierteres Gespräch über die Besonderheiten und Wirkungen von Erosionsprozessen wird man allerdings nur mit älteren Kindern und in einer nicht zu großen Gruppe führen können.

2.2 Gallenbewohner

Pflanzengallen – ein faszinierendes Miteinander von Pflanzen und Tieren

Wachstum gegen alle Erwartungen

Ein aufmerksamer Blick auf Blätter und Zweige von Pflanzen bleibt nicht selten an merkwürdigen Formänderungen hängen, die so gar nicht zum übrigen Aussehen der betreffenden Pflanze zu passen scheinen. Es handelt sich um **Pflanzengallen**. Rasch denkt man da an Krankheit und Missbildung, doch so einfach ist die Sache nicht. Diese Gallen oder **Cecidien** sind das Ergebnis eines komplizierten Zusammenspiels von mindestens zwei unterschiedlichen Organismen, einer bestimmten Pflanzenart und einem zweiten Lebewesen, bei dem es sich um ein Tier, einen Pilz oder einen bestimmten Mikroorganismus handelt.

Obwohl die Entstehung einer Galle und ihrer Grundform von den beteiligten Lebewesen abhängt, kann das Ergebnis vor allem bei der Beteiligung von Insekten so unterschiedlich ausfallen, dass man kaum glauben kann, welche Vielfalt an Gallen an einer bestimmten Pflanze durch ein und denselben Erreger verursacht werden kann. Häufig sind Hormone, sogenannte **Cytokinine**, der Auslöser zur Gallenbildung. Sie bewirken unter anderem Änderungen im Zellwachstum, wobei Wechselwirkungen mit anderen Substanzen und Umweltfaktoren stattfinden.

Die Erforschung dieser Lebensformen begann zwar schon gegen Ende des 17. Jahrhunderts, aber noch immer steht dieses wenig bekanntes Spezialgebiet der Biologie vor zahlreichen offenen Fragen. So ist etwa noch unentschieden, ob es sich bei einer Gallenbildung um eine Form des Parasitismus handelt, oder ob nicht vielmehr beide Organismen von dieser besonderen Entwicklung profitieren. Jedenfalls scheinen die Pflanzen in den meisten Fällen unter dem Einfluss der Gallenverursacher nicht besonders zu leiden.

Pflanzengalle (Cecidie) = wulstartige, oft kugelige Wucherungen an Pflanzen, die durch tierische oder andere pflanzliche Organismen verursacht werden. Zu den insgesamt rund 15000 Lebewesen, die eine Gallenbildung hervorrufen können, gehören Viren, Bakterien, Pilze, Milben (Spinnentiere) und Insekten wie Gallmücken und Gallwespen.

Cytokinine = Gruppe von Pflanzenhormonen, die nicht nur in pflanzlichem, sondern auch in tierischem Gewebe sowie in Bakterien, Pilzen und Algen vorkommen. Sie haben großen Einfluss auf das Wachstum und die Entwicklung von Pflanzen.

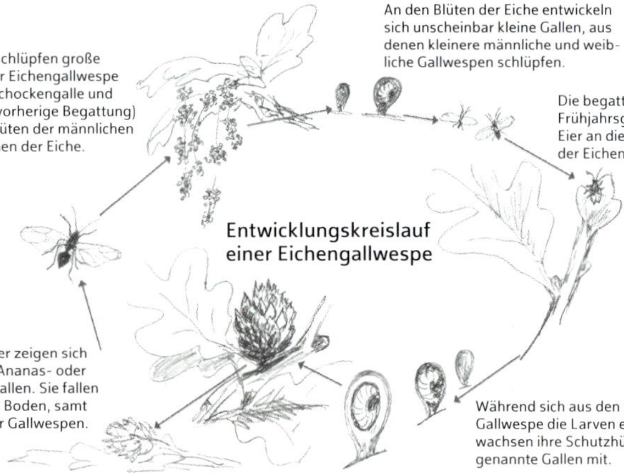

(© H. Österreicher)

Materialliste

- Zweige und Blätter mit verschiedenen Gallenbildungen, zu finden insbesondere an Eiche, aber auch an Ulme, Linde, Ahorn und zahlreichen Sträuchern wie Rose und Rhododendron
- einige große Weithals-Gläser (z.B. große Gurkengläser) oder ein anderer großer Glasbehälter
- je Glas ein Stück feinmaschige Gaze oder Fliegengitter
- Gummiringe oder eine dünne Schnur

So kann es gemacht werden

Die Suche nach Pflanzengallen erfordert zwar ein wenig Geduld und auch Glück, ist aber auch eine spannende Angelegenheit. Am besten startet man die Suche ab etwa Juli, wenn die Gallen bereits etwas gewachsen sind und sich leichter entdecken lassen. In jedem Fall braucht es den Blick auf Details des Pflanzenwuchses, besonders auf die Unterseite der Blätter. Dabei hilft es, wenn Sie den Kindern vorher Abbildungen verschiedener Gallen zeigen. Wenn man weiß, was man sucht, fällt das Finden leichter.

Hat man Pflanzengallen entdeckt, schneidet man die jeweiligen Zweige ab und stellt sie dann in große Gläser, deren Öffnungen mit feiner Gaze verschlossen werden. Keinesfalls Wasser in das Behältnis gießen, denn dann besteht die Gefahr der Schimmelbildung.

Nun heißt es warten. Je nach Art und Entwicklung der Gallen kann es durchaus ein paar Wochen dauern, bis sich der nächste Entwicklungsschritt vollzieht und aus den trocken gewordenen Gallen plötzlich kleine Tiere schlüpfen und in dem Behältnis herumschwirren. (Selbstverständlich sollten sie nach der Beobachtung ins Freie entlassen werden.)

Das kann man erkennen

* Die Verteilung von Pflanzengallen ist sehr wechselhaft und unregelmäßig. Manchmal stehen zwei gleiche Bäume nebeneinander, von denen nur einer Gallen trägt.
* Wenn Milben als Verursacher von Gallen auftreten, braucht man eine sehr starke Lupe oder ein Binokular, um die betreffenden Tiere zu erkennen: Die Gallmilben auf Linde und Ahorn bewirken auf den Blättern einen manchmal dichten Rasen an kleinen Höckerchen („Nadelgallen“ und „Beutelgallen“). Die Tiere selbst sind höchstens 0,3 Millimeter groß.
* Besonders auf Eichen findet man häufig auch noch die Gallen vom Vorjahr: trocken, braun und hart wie Holz.
* Alte Gallen zeigen kleine Löcher, aus denen die jeweiligen Insekten geschlüpft sind.

Das macht Kinder neugierig und aktiv

* Warum wachsen die Blätter (oder Triebe) so merkwürdig?
* Wie viele Tiere sind in einer Galle? (Achtung: Das ist je nach Gallenart sehr unterschiedlich.)

* Wie viele verschiedene Gallenformen lassen sich entdecken?
* Auf welchen Pflanzen (Bäumen) finden wir die meisten Gallen?
* Wie groß können Gallen werden? (Antwort: Der von einem Pilz verursachte Obstbaumkrebs bewirkt die größten Gallen. Seine manchmal riesigen Wucherungen treten vor allem an Linden auf.)
* Wie lange dauert es, bis aus einer Galle die ersten Tiere schlüpfen?

Das könnte auch interessant sein

Im Mittelalter wurden Pflanzengallen zur **Herstellung von Tinte** gesammelt. Dazu nahm man vor allem die auf Eichen vorkommenden Galläpfel, die von der Gemeinen Eichengallwespe (Cynips quercusfolii) verursacht werden. Die Galläpfel wurden getrocknet, zerkleinert und in Wasser gekocht. So erhielt man Gallsäure, die mit Eisenvitriol (Eisensalz der Schwefelsäure) und Gummi arabicum (der eingedickte Pflanzensaft bestimmter Akazienarten) versetzt und in luftdicht schließende Gläser gefüllt wurde. Die sichtbare, tiefschwarze und dokumentenechte (!) Tinte bildet sich erst beim Schreiben, wenn die in der Flüssigkeit enthaltene farblose Eisenverbindung durch den Kontakt mit dem Luftsauerstoff oxidiert und damit nach und nach eine immer schwärzere Färbung annimmt – ein Vorgang, der insgesamt mehrere Stunden dauert.

Eine weniger hochwertige Variante dieser Tinte lässt sich auch dadurch herstellen, indem man ein Stück blankes Eisen mit dem Saft ausgequetschter Galläpfel in Verbindung bringt. Dadurch wird das Eisen schwarz. Gibt man dann einige Eisenvitriol-Kristalle (Eisensulfat) hinzu, erhält man eine blauschwarze Tinte.

2.3 Pflanze als Baumaterial

Tipis, Unterstände und kleine Hütten – Architektur von Kindern

Intuitives technisches Verständnis und Learning by doing

Dass Kinder – mit oder ohne Hilfe von Erwachsenen – gerne Behausungen aus Ästen und Zweigen bauen, ist auf den ersten Blick nichts Ungewöhnliches. Solche Bauten sind auch nicht selten und je nach verfügbarem Material gibt es eine Vielzahl unterschiedlicher Formen. Was die Qualität des Bauwerks betrifft, spielt auch eine große Rolle, wie viel Zeit den Kindern für ihr Werk zur Verfügung steht. In jedem Fall lohnt es sich aber, nach jenen Voraussetzungen und Aspekten zu fragen, die eine solche Konstruktion erst ermöglichen. Denn auch wenn der Bau einer Hütte aus Ästen und Zweigen vor allem ein anregendes Spiel ist, sind stets verschiedene und komplexe Anforderungen zu bewältigen. Das beginnt mit **Überlegungen zu Platzierung, Größe und Form**, wobei ganz nebenbei die Fähigkeit trainiert wird, mit Abständen (Distanzen) und Raumgrößen (Volumina) möglichst geschickt umzugehen. Von zentraler Bedeutung ist die Frage der **Materialwahl und -beschaffung**.

Bereits mit dem ersten Ast, der angebracht wird, kommt eine Dimension ins Spiel, die sicherlich zum Schwierigsten zählt, womit Kinder sich hier befassen, nämlich die unbedingt zu erreichende **Stabilität des Bauwerks (Statik)**. Gerade hier zeigt sich, wie sehr Kinder durch wiederholte Auseinandersetzung mit solchen Eigenbauten an Kompetenz und Sicherheit gewinnen. Auch **ästhetische Gesichtspunkte** und Wünsche bezüglich der Ausstattung sollten wir nicht vernachlässigen. Und da solche Bauten zudem fast immer von einer mehr oder weniger großen Gruppe von Kindern errichtet werden, geht es natürlich auch um **Abstimmung und Zusammenarbeit**, Meinungsverschiedenheiten und Einigungsprozesse. Alles in allem ein spannendes Geschehen, bei dem Kinder weit mehr lernen, als man zunächst meinen könnte.

Insgesamt entsprechen Herangehensweise, Umsetzung und Ergebnisse in vielen Bereichen den Zielsetzungen von Ingenieurbiologie und Bionik, zwei wichtigen und miteinander eng verwandten naturwissenschaftlichen Disziplinen.

Ingenieurbiologie = eine von natürlichen Gegebenheiten wie Wachstums- und Erosionsprozessen inspirierte Wissenschaft, die mit natürlich gewachsenen Materialien und (möglichst wenigen) technischen Hilfsmitteln versucht, naturnah und ökologisch angepasst zu bauen und zu gestalten.

Bionik = Lehre von der Übertragung natürlicher Phänomene auf die Technik. Dabei geht es nicht um ein bloßes Kopieren, sondern um ein Lernen aus der Natur, um bestimmte technische Lösungen zu entwickeln.

Pflanzen als Baumaterial

Konstruktionen aus Totholz

Asthaus in unterschiedlichen Größen und Formen, ggf. mit grünen Fichtenzweigen etc. verkleidet, Bodenbelag je nach Wunsch: flache große Natursteinplatten mit Sandfuge, Nadelstreu, Stroh, Hackschnitzel etc.

„Waldbank" aus Totholz: lagenweise Schichtung größerer Äste und Zweige bis Sitzhöhe, möglichst kompakt, abgedeckt mit trockenem Gras als Sitzauflage, Größe/Länge und Form je nach Standort und Bedarf

Hocker aus Baumstamm-Abschnitten in Sitzhöhe, möglichst großer Stammdurchmesser (Standfestigkeit!), harzarme Holzarten (Eiche, Esche, Douglasie)

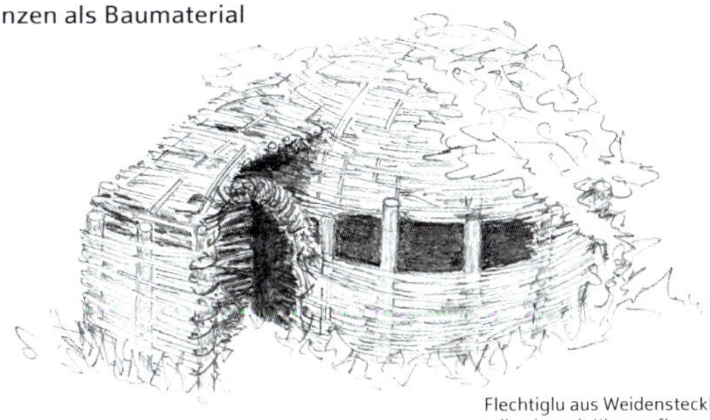

Flechtiglu aus Weidensteckhölzern, teilweise mit Kletterpflanzen bepflanzt

Konstruktionen mit lebenden Pflanzen

Weidentipi oder Weideniglu aus Weiden-Steckhölzern, Austriebe regelmäßig einzuflechten (mindestens einmal jährlich), einzuflechtenden Austrieben, Nadelstreu als Bodenbelag

Ringförmig gepflanzte Hainbuchen-Heister, deren Spitzen bei ausreichender Höhe (ab ca. 2 Meter) zusammengebunden werden, um ein entsprechend kuppelförmiges „grünes Haus" zu erhalten

Bau einer stabilen Grundkonstruktion aus Ästen oder Latten in Form einer kleinen Behausung, anschließend Bepflanzung mit ausdauernden Kletterpflanzen (Waldrebe, Windenknöterich, Kletterhortensie, Baumwürger etc.)

(© H. Österreicher)

Materialliste

- ein gut geeigneter Standort im eigenen Gartengelände oder in einem gut erreichbaren Waldgebiet (das selbst gebaute „Naturhaus“ soll nach Möglichkeit für einen längeren Zeitraum genutzt und vielleicht weiterentwickelt werden können, ohne jemanden zu stören)
- eine große (!) Menge an Ästen und Zweigen (Totholz)
- 1–2 Bund Sisal- oder Kokosstrick (d. h. keine Schnüre mit Kunststoffanteilen)
- einige Pflanzenscheren (Rosenscheren)
- eventuell eine Astschere und eine Säge (Fuchsschwanz oder kleine Bogensäge)
- eventuell Arbeitshandschuhe (Kindergrößen)

So kann es gemacht werden

Am Beginn jeden Bauvorhabens stehen Beratungs- und Planungsgespräche. Dabei kann es sowohl darum gehen, wie man ein eigenes, neues „Waldhaus“ baut, als auch um die Frage, wie sich eventuell vorhandene Reste eines älteren und beschädigten Hauses nutzen lassen, um an derselben Stelle eine neue, größere und stabilere Konstruktion zu errichten. In diesem Fall sind zunächst die vorhandenen Strukturen zu prüfen und alle morschen Äste und Zweige zu entfernen. Während einige Kinder diese Aufgabe übernehmen, machen sich andere Kinder bereits auf die Suche nach brauchbaren neuen Ästen. Da sich im unmittelbaren Umfeld des Bauplatzes meist nur ein gewisser Teil der benötigten Äste finden lässt, sollten sich die Kinder auch in einem etwas weiteren Umkreis auf die Suche machen dürfen.

Da der Bau insbesondere bei einer größeren Kindergruppe auch einen relativ großen Innenraum haben soll, ist vor allem die Dachkonstruktion nicht ganz einfach. Senkrechte Wände mit einem darüberliegenden Flachdach stellen jedoch eine sehr praktikable Konstruktion dar. Zudem ermöglicht eine solche Quaderform eine gute Raumnutzung. Bei stabilen Seitenwänden kann man auch lange und starke Äste als Träger des Flachdachs verwenden und darauf ein dichtes Dach aus Fichtenzweigen bauen. Mindestens so wichtig sind jedoch die Wände, die natürlich blickdicht sein sollten.

Ein solches Waldhaus sollte ausschließlich oder nahezu ausschließlich aus den vor Ort verfügbaren Materialien hergestellt werden. Nützlich kann jedoch etwas Sisalstrick sein, der vor allem dort zum Einsatz kommt, wo einzelne tragende Äste und Eckverbindungen eine gewisse Befestigung benötigen.

Zuletzt werden Wände und Dach „geputzt“: Mithilfe einiger Pflanzenscheren schneiden die Kinder alle störenden Zweige ab, vor allem jene, die vom mittlerweile sehr dichten Dach ins Innere hängen. Was natürlich dazu führt, dass der Boden des Hauses gründlich gefegt werden muss.

Das kann man erkennen

* Beim Bau mit Totholz gibt es jede Menge Unregelmäßigkeiten. Das ist etwas ganz anderes als das Bauen mit regelmäßigen Bausteinen.
* Jedes Stück Holz hat seine ganz eigene Form und kann vielerlei Auffälligkeiten zeigen (Besatz von Pilzen, Moosen, Flechten sowie Nagespuren von Tieren etc.).
* Holz ist unterschiedlich schwer – je nach Holzart, Alter bzw. Verrottungszustand und Wassergehalt.
* Ein Naturhaus „altert“ rascher als ein Haus aus Steinen oder Ziegeln.

Das macht Kinder neugierig und aktiv

* Was ist ein guter Platz für ein „Naturhaus“?
* Welche Äste sind für die Grundkonstruktion am besten geeignet?
* Kann so ein Haus ein guter Schutz vor Regen sein?
* Kann man das Haus auch im Winter nutzen, wenn es schneit?
* Wie kriegen wir die Wände und das Dach dicht?

* Wie groß soll der Eingang sein? Kann man auch eine Tür einbauen?
* Werden auch Tiere in so einem Haus leben? Und welche?

Das könnte auch interessant sein

Interessant sind auch **natürlich entstandene Höhlen** in mächtigen, alten Bäumen. Oder Räume, die durch tief hängende Äste entstehen – vor allem bei besonderen Baumformen wie Trauerweide und Hängebuche. Lassen sich auch solche Räume als „Naturhaus“ nutzen?
Wie sieht es aus, wenn mehrere Gehölze ineinander wachsen?

Wie bringt man Weiden am besten dazu, in Form eines dichten und sommergrünen **„Weiden-Iglu“** zu wachsen? Mitunter ist es sinnvoll, die Grundstruktur eines Weidenhauses durch tief eingeschlagene Baumpfähle zu stabilisieren. An diesen Pfählen lassen sich dann auch einzelne Weidenruten mittels Kokos- oder Sisalstrick anbinden, wodurch das Haus insgesamt stabiler wird. Außerdem könnte man überlegen, ob sich eine solche Flechtkonstruktion eventuell mithilfe zusätzlich gepflanzter Kletterpflanzen noch attraktiver gestalten ließe? In jedem Fall sollte man sich aber mit der Frage auseinandersetzen, wie ein solches Naturhaus zu pflegen ist, um es möglichst lange nutzen zu können.

Eine ganz andere Aufgabenstellung erfordert – und fördert – die Kreativität im Umgang mit unterschiedlichen Naturmaterialien, wie sie sich in einem nicht allzu aufgeräumten Wald leicht finden lassen. Es geht darum, dass die Kinder entweder alle gemeinsam oder in einigen gleich großen Gruppen Material sammeln sollen, aus denen sich **ein möglichst hoher Turm** bauen lässt. Ohne weitere Hilfsmittel und eventuell in einer vorher festgelegten Zeit. Die Herausforderung ist nicht zu unterschätzen. Es geht immerhin nicht nur um Statik und Stabilität, sondern mindestens so entscheidend um eine gute Zusammenarbeit innerhalb der Gruppe. Am Schluss wird die Höhe des Turms (oder der Türme) gemessen.

2.4 Wärmeinseln und Kälteseen

Auf der Suche nach Phänomenen des Klein- und Mikroklimas

2

Klima-Auswirkungen im Kleinen

Es ist nicht ganz einfach, Vorschulkindern den Unterschied zwischen **Klima** und **Wetter** zu erläutern. Da sollte man meinen, dass es noch viel schwieriger wäre, das sogenannte **Kleinklima** (Mikroklima) zu erfassen. Aber das stimmt nicht unbedingt. Denn vieles von dem, was die Wirkung eines bestimmten Kleinklimas ausmacht, lässt sich sogar ohne besondere Hilfsmittel wahrnehmen, und das kann auch für Kinder spannend sein.

Grundsätzlich geht es darum, zwischen den allgemeinen Kennzeichen des Klimas in einem Land oder Landstrich (Großklima oder Makroklima) und den besonderen Wirkungen in einem enger begrenzten Raum zu unterscheiden. Diese besonderen Wirkungen können vor allem auf das örtliche Gelände, die Bodenbeschaffenheit und die Vegetation zurückgeführt werden – alles Aspekte, die auch für Kinder interessant sind und von ihnen gut bestimmt werden können. Wenn man dann noch weiß, dass die Auswirkungen des Kleinklimas beispielsweise auf den **Pflanzenwuchs** an einem bestimmten Ort wichtiger sind als allgemeine Klimadaten, wird rasch deutlich, dass es auch praktische Vorteile hat, sich mit diesem Thema ein wenig näher zu befassen. Beispiele dafür gibt es viele: So lassen sich in windgeschützten Innenhöfen kälteempfindliche Pflanzen weitaus besser kultivieren als in offenen Gartenanlagen. Umgekehrt bevorzugen Farne, Moose und Pilze kühlere, schattige und feuchte Lagen. Die Ursachen für diese Unterschiede lassen sich wiederum erklären, wenn man die jeweilige Situation genauer betrachtet: Höhenlage, Bodenstruktur (Plattenbeläge oder offener Boden), Bodenfeuchte, Sonneneinstrahlung, Windschutz etc.

Die Auseinandersetzung mit solchen Fragen steht nicht nur in engem Zusammenhang mit wichtigen Aspekten von **Gartenbau**, **Landwirtschaft** und **Forstwirtschaft**, sondern erklärt auch manches in der eigenen, subjektiven Umweltwahrnehmung: Warum empfinde ich diesen oder jenen Platz als besonders angenehm? Wie weit reicht diese Wirkung und warum erlebe ich einen unmittelbar angrenzenden Ort kälter oder feuchter?

Klima = Im Gegensatz zum Wetter, das den Zustand der Erdatmosphäre zu einem bestimmten Zeitpunkt bis zu wenigen Tagen beschreibt, bezieht sich der Begriff Klima (Makroklima) stets auf einen längeren Zeitraum von etwa 30 Jahren. Dabei werden Daten wie Lufttemperatur, Niederschläge, Wind, Bewölkung etc. statistisch erfasst, um allgemeinere Aussagen für ein bestimmtes Gebiet treffen zu können.

Kleinklima (Mikroklima) = Zusammenfassung der Klimadaten für ein kleines Gebiet oder einen bestimmten, eng umrissenen Ort im Ausmaß von wenigen Metern bis etwa einem Kilometer, beispielsweise eine Kiesgrube, ein Wald, eine Wiese oder ein Straßenzug.

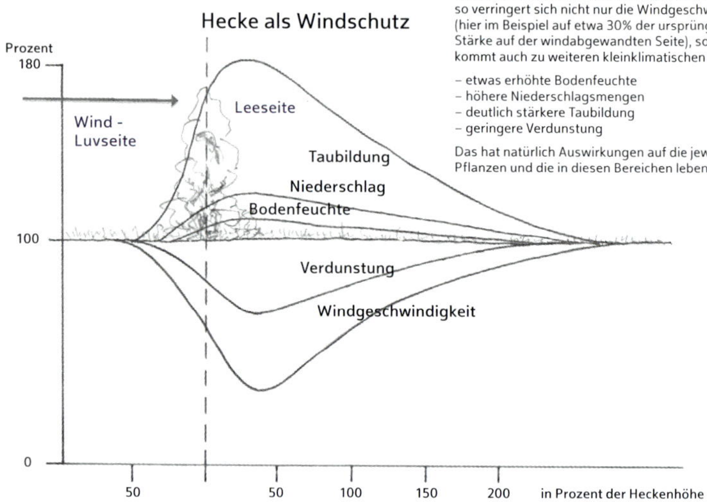

Trifft der Wind auf Gehölze wie etwa auf eine Hecke, so verringert sich nicht nur die Windgeschwindigkeit (hier im Beispiel auf etwa 30% der ursprünglichen Stärke auf der windabgewandten Seite), sondern es kommt auch zu weiteren kleinklimatischen Effekten:

- etwas erhöhte Bodenfeuchte
- höhere Niederschlagsmengen
- deutlich stärkere Taubildung
- geringere Verdunstung

Das hat natürlich Auswirkungen auf die jeweiligen Pflanzen und die in diesen Bereichen lebenden Tiere.

(© H. Österreicher)

Materialliste

- Thermometer (zur Messung der Luft- und/oder Wassertemperatur)
- Hygrometer (zur Messung der Luftfeuchte)
- Anemometer (zur Messung der Windstärke)
- Barometer (zur Messung des Luftdrucks)

Grundsätzlich ist der Einsatz solcher Messinstrumente nur bei älteren Kindern sinnvoll.

So kann es gemacht werden

Ausgehend von der Wetterlage an einem bestimmten Tag lassen sich kleinklimatische Unterschiede besonders gut erkennen, wenn man hintereinander verschiedene, möglichst nahe beieinanderliegende Orte aufsucht. So könnte ein entsprechender, etwa 2 bis 4 Kilometer langer Weg beispielsweise durch eine Parkanlage, ein Siedlungsgebiet (innerstädtisch oder in Stadtrandlage) und ein kleines Waldstück führen. Interessant sind auch Plätze in der unmittelbaren Nähe von Fließgewässern oder an einem See. Außerdem können Höhenunterschiede eine beträchtliche Rolle spielen. Die Situation auf freien Hügelplateaus, wie sie in manchen Parkanlagen zu finden sind, unterscheidet sich mitunter sehr stark von tiefer liegenden Plätzen wie etwa größere Senken und Kiesgruben.

Findet eine solche Unternehmung mit vier- bis fünfjährigen Kindern statt, sind Messinstrumente nicht unbedingt erforderlich. Zwar kann man Thermometer, Hygrometer (etwa zur Messung der Luftfeuchte) und/oder Anemometer (Windmesser) einsetzen, aber wichtiger erscheint in diesem Rahmen, mit den Kindern an Ort und Stelle zu besprechen, wie wir die jeweilige Umgebung erleben, wie wir Sonneneinstrahlung und Temperatur, Boden- und Luftfeuchte sowie Luftbewegungen sinnlich wahrnehmen.

Das kann man erkennen

* Bodenflächen, die ganztags im Schatten liegen, fühlen sich auch bei sonnigem Wetter kühl und oft sogar deutlich feucht an.
* In einem dichten, dunklen Fichtenforst wachsen am Boden nicht einmal Moose.
* An einer windausgesetzten Stelle wachsen die Bäume schief.
* Große Steine sind an der sonnenzugewandten Seite viel wärmer als auf den anderen Seiten. Und das kann man auch noch nach Sonnenuntergang spüren.

Das macht Kinder neugierig und aktiv

* Warum ist es an einem bestimmten Platz plötzlich kälter?
* Auf welcher Seite des Waldes ist es besonders warm?
* Ist der Boden überall gleich feucht (trocken)?
* Kann man mit einem feuchten Finger spüren, aus welcher Richtung der Wind weht?
* Wird es wärmer oder kälter, während wir in die alte Kiesgrube hinuntergehen? Oder bleibt es gleich warm?

* Welche Plätze sind für Schmetterlinge (Frösche, Fliegen, Kellerasseln etc.) besonders angenehm?
* Welcher Platz hat dir (euch) am besten gefallen? Und warum?

Das könnte auch interessant sein

Mit zwei oder drei **Regenmessern**, die an unterschiedlichen Orten aufgestellt werden, lassen sich sehr gut unterschiedliche Niederschlagsmengen zeigen. Etwa beim Vergleich der Regenmenge, die auf offener Fläche am Boden ankommt, mit der Regenmenge unterhalb eines Baumes oder in einem Gebüsch.

Unterschiede in Lufttemperatur und Luftfeuchte lassen sich häufig auch besonders gut bei der **Annäherung an einen Fluss** oder ein anderes größeres Gewässer wahrnehmen. Dabei stößt man in der Regel auch auf sich ändernde Bodenverhältnisse und Pflanzengesellschaften.

Demgegenüber haben **innerstädtische Räume** ein besonderes, meist trocken-warmes Kleinklima (Stadtklima), wobei auch hier je nach Lage (enge Gassen, großflächige Plätze, Unterführungen, Formen und Materialien der Architektur etc.) eine Vielzahl verschiedener Kleinklimabereiche unterschieden werden können.

2.5 Wie entstehen Töne?

Akustische Phänomene sichtbar machen

Töne, Klänge und Geräusche erscheinen zunächst als Phänomene, die unsichtbar sind. Umso interessanter ist es für Kinder, Schallwellen mittels einfacher Hilfsmittel sichtbar zu machen oder wenigstens spürbar mithilfe unseres Tastsinns. Das kann sehr faszinierend sein, gerade weil solche Versuche nicht immer auf Anhieb gelingen.

Hören und beobachten

Der **Hörsinn** nimmt unter den Sinnen eine Mittelstellung ein. Während Tasten, Riechen und Schmecken ganz unmittelbare Eindrücke vermitteln, lässt uns der Sehsinn vor allem auch das Ferne erkennen. Die Mittelstellung des Hörens ist aber von zentraler Bedeutung, denn Töne, Klänge oder Sprache – kurz: Schallwellen – sind das **Medium unserer Kommunikation**. Ein Themenkomplex, mit dem sich viele unterschiedliche Disziplinen befassen: Physik und Technik, Architektur und Kunst, Psychologie und Umweltschutz bis hin zu Musik und Musikverständnis.

Wie sich das Entstehen von Geräuschen, Tönen und Klängen sowie deren Ausbreitung genau verstehen und erklären lässt, war noch vor wenigen hundert Jahren mit schwierigen und umstrittenen Fragen verbunden. Und vermutlich gehört die Beschreibung von **Schall als Welle** bis heute zu den eher schwer zu fassenden physikalischen Erkenntnissen. Da bietet sich gerade in der Arbeit mit Kindern an, ein solches Phänomen möglichst anschaulich zu präsentieren. Da es bei Schall stets um **Druckunterschiede** und damit verbundene **Schwingungen** geht, kann man versuchen, diese Schwingungen und ihre Auswirkungen sichtbar zu machen. Das ermöglicht eine parallele Wahrnehmung von Schallereignissen: Wir hören etwas und können gleichzeitig etwas beobachten oder spüren, was unmittelbar mit dem Hörerlebnis verbunden ist, weil beides dieselbe Ursache hat.

Schallwelle = Erscheinungsform von Druckveränderungen bzw. deren Ausbreitung im Raum. Welche Art von Ton oder Geräusch wir hören, hängt von der Wellenlänge ab. Je kürzer die Wellen, desto höher der Ton. Sehr hohe Töne haben Wellenlängen von wenigen Zentimetern, sehr tiefe von einigen Metern. Meist wird aber statt der Wellenlänge die sogenannte Frequenz angegeben.

Frequenz = Zahl der Einzelwellen pro Sekunde, angegeben in Hertz (Hz). Je kürzer die Wellenlänge, desto größer die Frequenz, desto höher der Ton. Dabei ist unser Ohr nicht für alle Frequenzen gleich

empfindlich. Zwar können wir im Bereich zwischen etwa 16 Hz und 16.000 Hz (bei jungen Menschen bis 20.000 Hz) hören, aber die größte Sensibilität besitzen wir zwischen 1.000 und 3.000 Hz, dem Bereich der Sopranstimme.

Lärm = unerwünschter bzw. störender Schall. Während sich die Psychologie mit der Wahrnehmung von Personen beschäftigt, die sich durch Lärm beeinträchtigt fühlen, befasst sich die Naturwissenschaft vor allem mit Fragen der Lärmmessung. Ökologisch betrachtet wird Lärm als eine Form der Luftverschmutzung durch Energie angesehen.

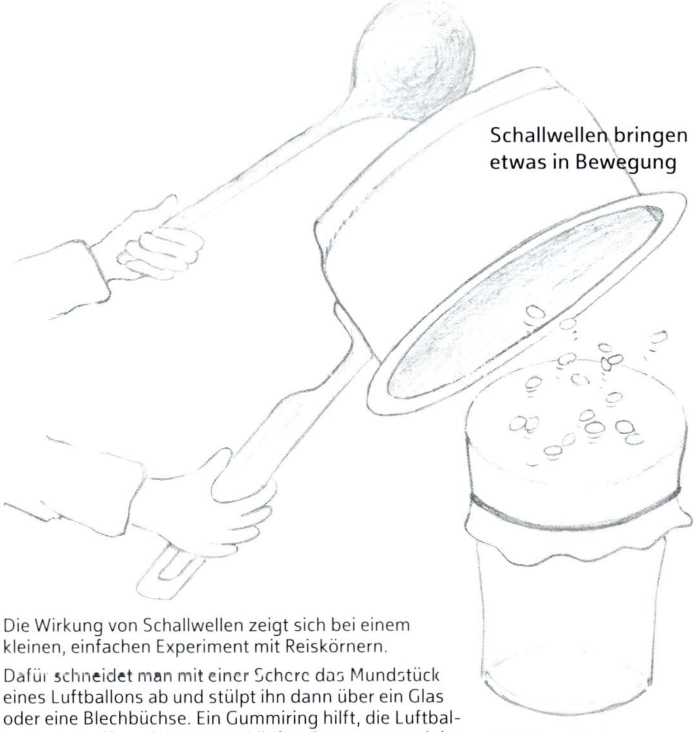

(© H. Österreicher)

Die Wirkung von Schallwellen zeigt sich bei einem kleinen, einfachen Experiment mit Reiskörnern.

Dafür schneidet man mit einer Schere das Mundstück eines Luftballons ab und stülpt ihn dann über ein Glas oder eine Blechbüchse. Ein Gummiring hilft, die Luftballonhaut straff zu ziehen. Anschließend streut man einige Reiskörner auf die Ballonhaut.

Dann hält man einen Topf nahe über die Reiskörner und schlägt mit einem Kochlöffel auf den Topfboden. Die Schallwellen, die dabei entstehen, versetzen die Luftballonhaut in Schwingung, was die Reiskörner springen lässt.

Materialliste

- Sammlung verschiedener Materialien, mit denen sich bestimmte Geräusche oder Töne herstellen lassen (eventuell hilfreich zum Einstieg in das Thema)
- einige dünnwandige Trinkgläser
- zwei leere Blechdosen oder Kunststoffbecher
- Hammer und Nagel (oder ein kleiner Handbohrer)
- verschiedene dünne Schnüre, mindestens etwa 10 m lang

So kann es gemacht werden

Eine Möglichkeit, Schallwellen sichtbar zu machen, bietet die Wasserorgel. Dabei reiht man dünnwandige Trinkgläser auf, die unterschiedlich hoch mit Wasser gefüllt werden. Streichen die Kinder nun mit einem nassen Finger vorsichtig über den Rand eines Glases, lässt sich nicht nur ein bestimmter Ton hören, sondern bei genauem Hinsehen erkennen wir im Glas eine Kräuselung der Wasseroberfläche. Es handelt sich um Schwingungen, die wie der Ton auf die Bewegung des Fingers und die damit hergestellten feinen Druckunterschiede zurückzuführen sind.

Beim Schnur- oder Bechertelefon geht es darum, eine gespannte Schnur zum Schwingen zu bringen. Dazu werden in die Böden von zwei Dosen oder Bechern je ein kleines Loch gebohrt, durch das eine dünne Schnur eingefädelt und an der Innenseite der Becher so dick verknotet wird, dass die Schnur nicht durchrutscht, wenn man die beiden Becher mit den einander zugewandten Unterseiten so weit voneinander entfernt, dass die Schnur straff gespannt wird. Die beiden Becher werden von je einem Kind gehalten, wobei eines der Kinder nun in seinen leeren Becher hineinspricht, während das zweite Kind seinen Becher ans Ohr hält. Je nach verwendeten Materialien findet eine verblüffend gute Schallübertragung statt, wobei

bei genauem Hinsehen die Schnur feine, aber sichtbare Schwingungen zeigt.

Das kann man erkennen

- Sowohl beim Gläserxylophon als auch beim Bechertelefon werden die hergestellten Schwingungen sowohl sichtbar als auch spürbar.
- Das Vibrieren der angespannten Schnur kann man zwar sehen, aber es ist leichter und interessanter, sie zu spüren, indem man einen Finger leicht an die Schnur legt.
- Bei sehr vorsichtiger Berührung lässt sich die Vibration auch dann noch gut spüren, wenn mehrere Kinder gleichzeitig die Schnur antasten.

Das macht Kinder neugierig und aktiv

- Wie können wir mit Wasser gefüllte Gläser nach der Tonhöhe ordnen?
- Geht das auch mit unterschiedlich großen Gläsern?
- Können wir Gläser so aneinanderreihen, dass sich beim Anschlagen der Gläser vom einen zum anderen Ende eine kleine Melodie hören lässt?
- Bauen wir gemeinsam ein großes Gläserxylophon?

Das könnte auch interessant sein

Beim **Schnurtelefon** wird es natürlich besonders spannend, wenn die beiden Kinder relativ weit voneinander entfernt sind und sich vielleicht nicht einmal direkt sehen können. Es macht Lust herauszufinden, wie leise man auf der einen Seite noch sprechen kann, um dennoch gut verstanden zu werden. Auch lässt sich eine solche **Telefonleitung** sogar um Ecken verlegen. Dazu werden jedoch Halterungen benötigt, an denen die Schnur mithilfe starker Gummiringe so umgelenkt wird, das sie an Wänden, Mauerecken oder Türrahmen niemals direkt anliegt.

Spannend zu beobachten ist auch das Entstehen der sogenannten **Chladnischen Klangfiguren**. Es handelt sich um ein kurioses Phänomen, das im 18. Jahrhundert von Ernst Florens Friedrich Chladni entdeckt wurde. Dabei führen die Schwingungen einer dünnen, an nur einem Punkt fixierten Metallplatte dazu, dass sich feine Sandkörner, die zuvor auf die Oberfläche dieser Platte gestreut wurden, in ganz bestimmten Musterungen („Schwingungsbildern") anordnen. Um die Metallplatte in Schwingung zu versetzen, genügt es, eine Seite der Platte mit einem Geigenboden anzustreichen.

2.6 Spiegelspiele mit einem Periskop

Sehrohre zum Um-die-Ecke-Gucken

Spiegelung, Vervielfältigung, Fokussierung

Spiegel sind für Kinder besonders interessante Objekte. Neben Aspekten der **angewandten Optik** wie dem Einsatz unterschiedlicher Brillen, Lupen und Ferngläser bietet diese Thematik Anknüpfungspunkte an viele andere Themen: **Funktion und Bedeutung des Spiegels** im Alltag, **Spiegel als Arbeitshilfe** (in Spiegelschrift schreiben, Zeichnen und Malen eines nur im Spiegel zu sehenden Gegenstandes etc.), **besondere Spiegel** wie Zerrspiegel und Kaleidoskope, **Spiegeleffekte in der Natur** (Wasserflächen, atmosphärische Phänomene), Konstruktion und **Bau eigener einfacher optischer Geräte** wie beispielsweise ein Periskop (siehe unten), bis hin zur Verwendung des **Begriffs „Spiegel"** als Bezeichnung zwischenmenschlicher Prozesse (Kommunikationsstrukturen als „Spiegel" von Beziehungen).

Für Wissenschaft und Technik sind Spiegel unentbehrlich. Neben metallisierten Glasplatten finden in bestimmten optischen Systemen auch Glasprismen Verwendung, deren Reflexionsvermögen dauerhafter und besser ist. Sei es zur Verbesserung der Sichtbarkeit eines Gegenstandes, der Übertragung von Licht(energie) oder Realisierung anderer Effekte wie etwa in der Architektur – Spiegel sind längst unverzichtbar und werden in nahezu allen Lebensbereichen eingesetzt.

Optik (Physik) = Lehre vom Licht, ein Teilgebiet der Physik. Während sich die entsprechende Wissenschaft mit den Eigenschaften und der Ausbreitung von Licht befasst, beschäftigt sich die „technische Optik" mit den konkreten Anwendungsmöglichkeiten und der Herstellung optischer Systeme, insbesondere im Bereich des sichtbaren Lichts.

Ablenkung (Optik) = Reflexion eines Lichtstrahls an einer spiegelnden Fläche um einen bestimmten Winkel (Ablenkungswinkel). Dabei gilt das Reflexionsgesetz: Einfallswinkel = Austrittswinkel. Die 45°-Anordnung der Spiegel im Periskop führt dazu, dass das Licht bei jedem Spiegel um 90° abgelenkt bzw. reflektiert wird.

Materialliste

- Schnittbogen zum Ausschneiden und Falten (auf stärkerem Kartonpapier)
- zwei quadratische, gleich große Taschenspiegel, etwa 6-7 cm Seitenlänge (passend zur Größe des Kartonvorlage)
- Schere
- Klebstoff und/oder Klebeband
- eventuell Farben zum Bemalen des fertigen Periskops

Alternativ kann ein Periskop auch aus einer großen Milch- oder Safttüte (Tetrapack) hergestellt werden. Diese wird zunächst gründlich ausgewaschen und aufgeschnitten, sodass in den unteren und oberen Teil jeweils ein Spiegel im 45°-Winkel eingeklebt werden kann. Zudem wird in die den beiden Spiegeln gegenüberliegenden Seiten jeweils eine Öffnung in den Karton geschnitten.

TIPP

Bruchsichere Spiegel sind erhältlich unter www.kinder-sicherheit.com.

So kann es gemacht werden

Das Periskop ist ein einfaches, aber raffiniertes Beobachtungsinstrument[1], mit dessen Hilfe man „um die Ecke schauen" kann. Das lässt sich durch zwei Spiegel in einem Rohr oder länglichen Quader erreichen, wobei diese Spiegel – einer am unteren, einer am oberen Ende des Rohres – in einem Winkel von möglichst genau 45° angebracht sein müssen. Zwei Öffnungen auf den den Spiegeln jeweils gegenüberliegenden Seiten lassen Licht auf die Spiegelflächen fallen.

Hält man dieses „Sehrohr" senkrecht und schaut durch die untere Öffnung auf den unteren Spiegel, kann man über den oberen Spiegel eine Beobachtung machen, ohne selbst gesehen zu werden. Nur der oberste Teil des Periskops ragt über das Versteck hinaus. Das nutzen nicht zuletzt U-Boot-Fahrer, die über ein ausfahrbares und schwenkbares Periskop die Wasseroberfläche erkunden können, ohne selbst auftauchen zu müssen.

Es gibt im Handel fertige Periskope zu kaufen. Mithilfe eines Schnittbogens können Kinder aber auch selbst ein Periskop bauen, wobei sie natürlich das Prinzip und die Funktionsweise dieses optischen Geräts sehr viel besser begreifen. Dazu wird die Schnittvorlage am besten auf stärkeres Kartonpapier gedruckt oder die Vorlage vor dem Ausschneiden auf starken Karton geklebt. Nach dem Ausschneiden der Vorlage wird diese entsprechend gefaltet und zusammengeklebt. Dabei ist besonders wichtig, dass die Flächen für die beiden Spiegel möglichst exakt in einem 45°-Winkel stehen. Zur Befestigung der Spiegel kann ein starker Klebstoff oder ein Stück Doppelklebeband verwendet werden. Vor dem Zusammenkleben der Form sollte nochmals überprüft werden, ob sich Spiegel und Gucklöcher am richtigen Platz befinden.

---

1 Die Erfindung geht auf den Astronomen Johannes Hevelius zurück, der die Konstruktion 1647 entwickelt und beschrieben hat.

Das kann man erkennen

* Anhand des fertigen Periskops lässt sich seine Funktionsweise gut erkennen und beschreiben: Licht, das von Gegenständen oder Personen ausgeht, trifft erst auf den oberen Spiegel und wird dann durch den länglichen Schacht (Rohr) auf den unteren Spiegel weitergeleitet. Von dort werden die Lichtstrahlen in die Augen des Benutzers reflektiert.
* Für ein gutes Ergebnis ist die präzise Anordnung der beiden Spiegel entscheidend. Vor allem kommt es auf den 45°-Winkel an.

Das macht Kinder neugierig und aktiv

* Was können wir nur mithilfe eines Periskops sehen?
* Wie sollte man das Periskop halten, um eine möglichst gute Sicht zu haben?
* Lässt sich mit einem Periskop auch „Licht einfangen“ und auf eine andere Stelle wie zum Beispiel eine Wand oder ein Bild projizieren?
* Worauf kommt es an, beim Einsatz eines Periskops selbst möglichst ungesehen zu bleiben?

Das könnte auch interessant sein

Generell sind Spiegel in besonderer Weise geeignet, die **Wahrnehmungsprozesse** von Kindern zu unterstützen. Darüber hinaus können sie auch den Prozess der Identitätsfindung und Ich-Findung wesentlich unterstützen. Neben besonderen Geräten wie dem Periskop lassen sich Spiegel ohnehin auf vielfältige Weise einsetzen: als Spiegelfliesen in verschiedenen Höhen in den Innenräumen einer Kindertagesstätte, über einem Wickeltisch, in einem Türrahmen und versteckt unter einem Tisch, als Ganzkörperspiegel, versetzt hintereinander zur Gestaltung einer Treppe und anderes mehr. Flexibel nutzbar sind unzerbrechliche Handspiegel, Spiegelwürfel und Spiegelfolien. Spiegel sollten am besten als alltägliches Spielgerät verfügbar sein, um überraschende und ungewöhnliche Wahrnehmungen zu machen, zum Staunen, zum genaueren Hinsehen und zum Ausprobieren.

2.7 Das chinesische Kartoffelhotel

Nutzpflanzenkultur auf besondere Weise

Die Entwicklung von unterirdisch wachsenden Knollen wie bei Kartoffelpflanzen besitzt für Kinder immer etwas Geheimnisvolles. Man legt im Frühjahr eine kleine rundliche Knolle aus und kann einige Monate später ein Vielfaches davon ernten, ohne dass man mitbekommen hat, was da genau passiert. Noch erstaunlicher wird das Ganze, wenn man dazu kein „normales" Kartoffelbeet anlegt, sondern die Pflanzen in einer mehrstöckigen Konstruktion wachsen lässt.

Wachstums- und Entwicklungsprozesse

Gärtnern mit Kindern ist viel mehr als die bloße Anlage und Pflege von Pflanzbeeten. Vielmehr ermöglichen (und erfordern) solche Vorhaben die eigene Auseinandersetzung mit Wachstums- und Entwicklungsprozessen. Dabei können Kinder sehr viel über **biologische und ökologische Zusammenhänge** erfahren, ein wichtiges und grundlegendes Wissen. Außerdem sollten wir nicht übersehen, dass ein solch unmittelbarer Kontakt mit Erde, Pflanzen und Kleinlebewesen des Bodens auch **psychische Zustände und Prozesse** beeinflussen. Auch Kindern bringt der Umgang mit Pflanzen emotionale Stabilität, Sicherheit und Ruhe – Wirkungen, die sowohl auf das Tun als auch auf entsprechende Beobachtung zurückzuführen sind.

Vegetative Vermehrung = ungeschlechtliche Vermehrung von Pflanzen und niederen tierischen Organismen wie vor allem Einzellern. Bei Pflanzen tritt diese Form der Vermehrung nicht nur natürlich auf (Ausläufer, Knollenbildung etc.), sondern wird auch gerne in der Pflanzenzucht genutzt (Auslegen von Knollen und Brutzwiebeln, Steckhölzer, Stecklinge etc.)

Kartoffel (Solanum tuberosum) = Pflanzenart aus der Familie der Nachtschattengewächse, zu der auch Tomate und Paprika zählen. Die Früchte der Kartoffel, tomatenähnliche Beeren mit den Samen, sind für Menschen ungenießbar bis leicht giftig. Ihre Speicherknollen („Kartoffeln" oder „Erdäpfel") stellen hingegen als Kohlenhydratlieferanten weltweit nach Weizen und Reis das wichtigste Grundnahrungsmittel

dar. Die Anzahl der weltweit kultivierten Sorten wird auf 5.000 geschätzt.

Fotosynthese = biochemischer Prozess der Umwandlung von Kohlendioxid (Assimilation) und Wasser unter Einwirkung des Sonnenlichts in Traubenzucker und Sauerstoff. Als gegenläufiger Prozess zur Verbrennung gilt dieser biochemische Ablauf als der wichtigste biochemische Prozess überhaupt.

Kartoffeln im eigenen Garten

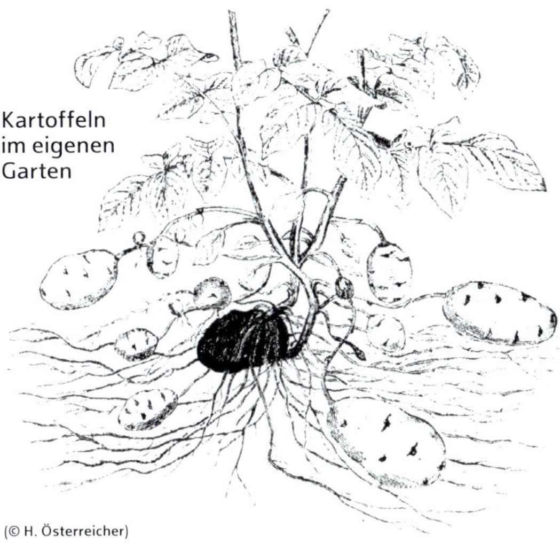

(© H. Österreicher)

Aus einer gepflanzten Mutterknolle (in der Zeichnung dunkel gefärbt) entwickelt sich zunächst eine Keimpflanze, die an der Erdoberfläche zwei Keimblätter bildet. An dieser Stelle entspringen auch mehrere Ausläufer, die teil waagrecht, teils schräg nach unten in die Erde wachsen und an deren Enden sich schließlich Knollen bilden.

Damit die Knollenbildung zuverlässig unter der Erde stattfindet, sollten die Pflanzen ein wenig angehäufelt werden.

Kartoffeln lieben einen eher nährstoffreichen Boden. Eine gut verrottete Komposterde – am besten aus dem eigenen Garten –, von der man etwas in die Kartoffel-Pflanzlöcher gibt, ist dabei der beste Dünger.

Materialliste

- pro Quadratmeter Grundfläche 7–10 Saatkartoffeln, d. h. bei einem dreistöckigen, pyramidal aufgebauten „Hotel" pro Quadratmeter Grundfläche etwa 20 Saatkartoffeln. Günstig sind Saatkartoffeln, die bereits anfangen, sichtbar auszutreiben.

- mehrere niedrige Holzkisten (vom Obst-/Gemüsehändler), deren Böden entweder breite Spalten aufweisen oder ganz herausgebrochen werden können, sodass nur die Rahmen stehen bleiben
- Pflanzerde: nahrhafte Gartenerde, am besten mit reifem Kompost vermischt
- Gartenwerkzeuge: Spaten und Schaufeln, Grabgabeln – am besten jeweils mehrere

So kann es gemacht werden

Zunächst entfernen die Kinder mit Spaten an einem sonnigen Platz im Garten die Grasnarbe auf einer Fläche von mindestens etwa zwei Quadratmetern. Die darunterliegenden Erdschichten sollten dann mit Grabgabeln sorgfältig gelockert werden. Auf die glatt gerechte Fläche werden dann dicht nebeneinander die ersten Holzkisten gesetzt und etwas Pflanzerde eingefüllt. Darauf kommt nun die erste Lage Saatkartoffeln, im Pflanzabstand von jeweils rund 30–50 Zentimetern. Auf diesen Kartoffeln wird anschließend nochmals eine Schicht Pflanzerde verteilt, sodass die erste Kistenlage (erstes Geschoss des „Hotels") randvoll befüllt ist. Zuletzt wird gegossen. Diese erste Pflanzung sollte spätestens Anfang Mai erfolgen.

Wenn sich die Triebspitzen der Kartoffeln der ersten Lage an der Erdoberfläche zeigen (oft schon nach wenigen Tagen), wiederholt man den Vorgang: Eine zweite Lage Kisten – am besten etwas nach innen versetzt – bildet das zweite Geschoss, wobei wieder eine entsprechende Lage Saatkartoffeln gelegt werden.

Meist ist aus Gründen der Entwicklung der Saatkartoffeln gerade noch möglich, ein drittes Geschoss zu bauen, denn ab Ende Mai oder Anfang Juni lassen sich die Saatkartoffeln kaum mehr verwenden. Die dritte Lage wird jedenfalls ebenso wie die beiden unteren gut mit Pflanzerde abgedeckt und dann kommt es nur noch darauf an, bei Trockenheit immer wieder zu gießen – nicht zu viel, damit die Knollen nicht zu faulen beginnen.

Besonders bemerkenswert: Kartoffeltriebe finden auch bei mehrfacher Überschichtung mit Erde ihren Weg ans Licht und bilden in der Tiefe Speicherknollen aus. Bei entsprechend nahrhafter Erde wird man auch eine große Anzahl kleiner bis mittelgroßer Kartoffeln ernten können. Diese Ernte findet je nach Sorte und Witterungsverlauf etwa Mitte/Ende August bis Anfang September statt. Äußeres Anzeichen dafür ist das Welken und Absterben des Kartoffelkrauts.

Bei der Ernte sollten die Kinder vorsichtig vorgehen: Die neuen Knollen liegen oft dicht beieinander und beim Einsatz von Spaten und Grabgabel können sie leicht beschädigt werden. Erwarten Sie keine Riesenkartoffeln, denn dazu hatten die Pflanzen natürlich zu wenig Platz. Für Kinder sind jedoch die zahlreichen „Babykartoffeln" nicht nur spannend, sondern auch ein vorzeigbares Ernteergebnis. Die mittlerweile wohl ziemlich morschen Kisten können noch etwas zerkleinert und gemeinsam mit den Ernterückständen kompostiert werden.

Übrigens: Besonders gut schmecken die kleinen Kartoffeln, wenn sie – lediglich gewaschen oder gebürstet – im Ganzen mit etwas Butter und Petersilie in einer Pfanne zubereitet werden.

Das kann man erkennen

- Die Austriebe der Saatkartoffeln sind weich und brechen leicht ab.
- Mit jedem neuen Stockwerk, das auf das Kartoffelhotel gesetzt wird, wachsen die Pflanzen dichter. Bald bilden sie einen „grünen Berg".
- An trocken-heißen Sommertagen können die Pflanzen welken und sollten dann immer wieder gegossen werden.

* Bei der Ernte kommen eine große Zahl kleiner und kleinster Knollen („Babykartoffeln“) zum Vorschein. Man muss genau hinschauen, um keine zu übersehen.

Das macht Kinder neugierig und aktiv

* Welche Werkzeuge werden benötigt bzw. womit lässt sich die Arbeit besonders gut machen?
* Wie kann man selbst eine gute Pflanzerde mischen?
* Wie lange dauert es, bis die ersten Triebspitzen aus der Erde auftauchen?
* Wann gibt es die ersten neuen Kartoffelknollen?
* Und warum sollte man da nicht zwischendurch mal nachschauen?
* Woran erkennt man, dass die Kartoffeln geerntet werden können?

Das könnte auch interessant sein

Die Tomate, wie die Kartoffel ein Nachtschattengewächs, ist ebenfalls eine Pflanzenart, die sich mit Kindern leicht und erfolgreich kultivieren lässt. Besonders spannend ist dabei, dass es eine ungeheuer große Vielfalt an Sorten gibt, die sich teilweise stark voneinander unterscheiden: in Größe, Form, Farbe, Konsistenz und natürlich auch im Geschmack. Es lohnt sich, **verschiedene Tomatensorten** nebeneinander zu kultivieren, sei es in einem Beet oder in großen Töpfen. Die Anzucht aus Samen ist zwar gut möglich, für eine Pflanzung in der Kita kann es jedoch besser sein, **Jungpflanzen** zu kaufen. Diese Jungpflanzen können Sie auch direkt bei einer Spezialgärtnerei bestellen.

2.8 Wasserlebewesen

Auf der Suche nach Kleintieren in Tümpel und Bach

Wasser besitzt für Kinder stets eine große Anziehungskraft und Faszination. Ein Ausflug an einen Bach oder einen kleinen Tümpel bietet aber noch eine zusätzliche Attraktion, denn ein wenig Aufmerksamkeit und Glück genügen, um dort verschiedene Kleinlebewesen kennenzulernen und mehr über den betreffenden Naturraum zu erfahren – ein Experiment ganz eigener Art und eine der besten Gelegenheiten, Kindern die Natur nahezubringen.

Kleinlebewesen und Wasserqualität

Tümpel, Seen, Bäche und Flüsse sind immer auch **Lebensräume für eine Vielzahl verschiedener Tiere**. Im Gespräch mit Kindern fällt da natürlich sofort das Stichwort Fische. Doch sind es vor allem Lebewesen wie Kleinkrebse, Wasserschnecken und zahlreiche Insektenarten (einschließlich ihrer Larven), die dort zu Hause sind. Meist leben diese Tiere verborgen im kiesigen oder schlammigen Gewässerboden, zwischen allerlei Wasser- und Sumpfpflanzen, aber auch an Steinen und Holzstücken.

Viele dieser Organismen bevorzugen eine ganz bestimmte **Wasserqualität**. Nicht selten sind sie sogar darauf angewiesen, dass etwa der **Sauerstoffgehalt des Wassers** einen gewissen Wert nicht unterschreitet, die **Verschmutzung durch Chemikalien** nicht zu hoch ist und einzelne **Nährstoffe** in ausreichender Menge im Wasser enthalten sind. Aus diesem Grund lassen sich solche Organismen auch als **Bio-Indikatoren** ansehen, mit deren Hilfe der Verschmutzungsgrad eines Gewässers bestimmt werden kann. Das ist aber etwas für ältere Kinder, während es bei jüngeren darauf ankommt, solche Tiere erst einmal entdecken und beobachten zu können – eine spannende und interessante Aufgabe.

Biotop = Lebensraum einer bestimmten Gemeinschaft von Pflanzen und Tieren. Definiert durch Faktoren wie Klima, Boden, Nahrungsangebot. Dabei lassen sich in der Gruppe der Feuchtbiotope verschiedene Biotope unterscheiden: Bachufer, Tümpel, Schilfgürtel an einem See und andere mehr.

Larve = Entwicklungsstadium vieler Tiere, das sich vom fertigen Tier meist stark unterscheidet. Viele Gliederfüßer wie Krebse und Insekten haben mehrere Larvenstadien.

Biologische Wasseruntersuchung = Verfahren zur Bewertung der Wasserqualität über die Bestimmung der Kleinlebewesen, die im betreffenden Gewässer leben. Je nach Vorkommen und Häufigkeit dieser Tiere, die meist ganz bestimmte Ansprüche an ihren Lebensraum stellen, lassen sich Gewässergütekategorien unterscheiden. Die vier wichtigsten sind: unbelastet bis gering belastet (I), mäßig belastet (II), kritisch belastet (III) und stark verschmutzt (IV).

Lebewesen in Bächen und Tümpeln

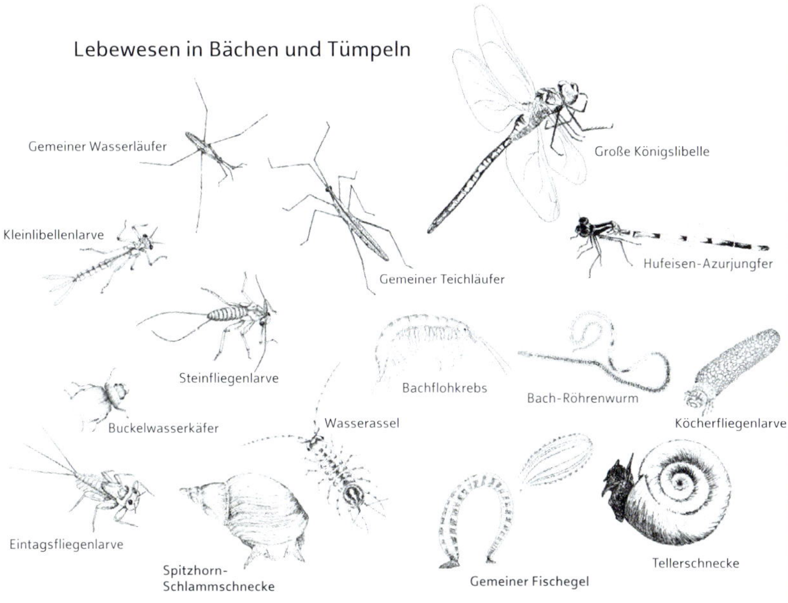

(© H. Österreicher)

Materialliste

- Kescher, möglichst einen für jedes Kind
- eventuell Siebe in verschiedenen Größen
- mehrere flache Schalen oder kleine Schüsseln
- einige Lupen (ggf. Becherlupen)
- bei kühler Witterung eventuell Gummistiefel
- Bei älteren Kindern zusätzlich empfehlenswert:
  - Bestimmungsbuch über Süßwassertiere
  - Notizblock oder Schreibunterlage mit etwas Zeichenpapier (z. B. DIN A5)
  - (Bunt-)Stifte

So kann es gemacht werden

Der Ort, an dem Kinder eine erfolgreiche Suche nach Wassertieren starten können, sollte gut gewählt sein: ein Tümpel oder Teich mit flachen, teilweise bewachsenen Uferzonen oder ein kleiner, nicht allzu rasch fließender Bach mit guter Zugänglichkeit. Auch die Jahreszeit spielt eine Rolle: am günstigsten sind die Sommermonate ab etwa Mai.

Am Gewässer angekommen, werden in einer kleinen Vorbesprechung mit Kindern zunächst die wichtigsten Punkte besprochen: wo man am besten ans oder ins Wasser kommt und wie man den Kescher nutzt. Vor Beginn der Suche sollten die Kinder jedoch die mitgebrachten Schalen oder Schüsseln mit Wasser füllen, damit die später gefangenen Tiere sofort wieder in Wasser gesetzt werden können. Wichtig ist auch, die Kinder darauf hinzuweisen, dass sie diese Tiere möglichst nicht direkt anfassen sollten, weil das Risiko sehr hoch ist, dabei diesen meist sehr zarten Organismen Verletzungen zuzufügen. Dreht man den Kescher aber über dem mit Wasser befüllten Sammelgefäß um, kann man das Netz von seiner Außenseite her in das Wasser drücken und die betreffenden Tiere schwimmen sich sofort wieder frei. Je nach Situation und Alter der Kinder kann es sinnvoll sein, kleine Gruppen zu bilden. Aber gerade bei einer altersgemischten Kindergruppe ergibt sich ohnehin meist rasch, wer mit wem gerne zusammenarbeitet oder wer vielleicht am liebsten allein auf die Suche geht – oder es vielleicht auch nur genießt, am oder im Wasser zu sein ...

Ein strikter Zeitplan ist bei solchen Vorhaben kaum umsetzbar und wäre auch unsinnig. Besser achtet man darauf, wie sich das Geschehen insgesamt entwickelt und nutzt die Gelegenheit, einzelne Fänge der Kinder auch den anderen zu zeigen und Tipps zu geben, an welchen anderen Stellen des Gewässers Fangversuche ebenfalls erfolgreich sein könnten. Bei älteren Kindern kann auch gut ein entsprechendes Bestimmungsbuch eingesetzt werden. Außerdem ließen sich kleine Zeichnungen der gefangenen Tiere machen oder auch Fotos (möglichst mithilfe eines Makroobjektivs). Manchmal lohnt es sich auch, einen genaueren Blick auf die am und im Wasser stehenden Pflanzen zu werfen. Libellenlarven klettern nämlich zum Schlüpfen aus dem Wasser und hinterlassen ihre Larvenhaut (Exuvie) an Pflanzenteilen.

Insgesamt ist darauf zu achten, dass die Tiere nicht zu lange in den Sammelbehältern bleiben, da sich das Wasser darin nach und nach zu stark erwärmen könnte. Sobald die Kinder die gefangenen Tiere ausreichend lange beobachtet haben, sollten diese wieder freigelassen werden.

Das kann man erkennen

* Manche Tiere schwimmen frei im Wasser, andere halten sich nur am Boden oder an der Unterseite von Steinen auf.
* Es gibt ganz unterschiedliche Wassertiere. Manche von ihnen, wie zum Beispiel Schwimmkäfer, haben große Ähnlichkeit mit Käfern, die auf dem Land leben.
* Ein Egel saugt sich überall fest. Auf der Hand spürt man davon aber fast gar nichts: Unsere Haut ist für die kleinen Egel einfach zu dick.

Das macht Kinder neugierig und aktiv

* Wo findet man die meisten Kleintiere?
* Was ist schwieriger zu fangen, ein Wasserläufer, ein Schwimmkäfer oder ein kleiner Fisch?

* Wie schaut eine Wasserassel aus? Und wie ein Wasserskorpion?
* Warum kann man problemlos in einem Teich baden, in dem Krebse leben?
* Wie kommt ein Blutegel vom Fleck, wenn er sich doch ständig irgendwo festsaugt?
* Warum sollten wir Froschlaich und Kaulquappen besser nur an ihrem Heimatgewässer beobachten?

Das könnte auch interessant sein

Um Wassertiere etwas länger beobachten zu können, bietet sich der Bau eines **„Mini-Aquariums“** an. Dafür genügen eine alte Holzkiste, eine entsprechend große, durchsichtige und starke Plastiktüte (oder Folie) sowie ein Paketklebeband. Bei einer Kiste mit geschlossenen Seitenwänden sollten die jeweiligen Wände entfernt oder mit größeren Öffnungen als Fenster versehen werden, um später auch von der Seite einen guten Einblick zu haben. Ein Fassungsvermögen von etwa zehn bis fünfzehn Liter Wasser ist völlig ausreichend und man kann dieses auch mehrfach verwendbare „Mini-Aquarium“ sowohl vorbereitend als auch vor Ort **mit den Kindern bauen**.

In das fertige Behältnis kommt nun als Erstes Wasser von jenem Bach oder Tümpel, aus dem Tiere gekeschert werden sollen, um die gefangenen Tieren sofort wieder in „ihr“ Wasser setzen zu können. Außerdem ist entscheidend, dieses Behältnis an einen **schattigen Platz** zu stellen, damit sich die verhältnismäßig kleine Wassermenge nicht zu rasch erwärmt. Das würde dazu führen, dass der Sauerstoffgehalt des Wassers rasch abnimmt, was für viele der betreffenden Tiere lebensbedrohlich ist.

Ein solches „Mini-Aquarium“ erleichtert die Beobachtung von Wassertieren und ihrem Verhalten aus der Nähe und über einen Zeitraum von einer Stunde und mehr. Anschließend werden die Tiere wieder vorsichtig in ihr Heimatgewässer zurückgesetzt.

2.9 Ordnung und Chaos

Muster und Strukturen in der Natur

Vergleichen wir Dinge und Erscheinungen wie Schneekristalle, Blätter und Blüten von Pflanzen, Wuchsformen und Baumrinden und bestimmter Bäume, Boden- oder Gesteinsstrukturen, so zeigen sich häufig verblüffende Gemeinsamkeiten. Wir entdecken merkwürdige Wiederholungen von Formen, Winkeln und Maßen. Warum ist das so? Was steckt hinter dieser Ordnung und diesen Regelmäßigkeiten?

Muster erkennen und untersuchen

Regelmäßige Strukturen und Musterungen in der Natur haben Wissenschaftler verschiedener Disziplinen immer wieder beschäftigt, nicht zuletzt Mathematiker. Ihr Ehrgeiz liegt darin, solche Ordnungen auch mathematisch zu beschreiben.[1]

Uns soll es hier jedoch nicht um exakte Formeln für diese Phänomene gehen – so es solche überhaupt geben kann –, sondern darum, solche Regelmäßigkeiten überhaupt wahrzunehmen und sie als Ausdruck bestimmter **Gesetzmäßigkeiten** zu begreifen.

Dazu kommt noch etwas Zweites, was für Kinder vielleicht noch interessanter ist: der **Vergleich zwischen natürlichen und künstlichen Mustern**. Das ist auch deshalb spannend, weil sich längst nicht immer klar unterscheiden lässt, welche Strukturregelmäßigkeiten ausschließlich natürlichen Ursprungs sind, und wo Menschen zumindest indirekt dazu beigetragen haben, dass eine bestimmte Ordnung entstanden ist.

Der Vergleich unterschiedlicher **Oberflächenstrukturen** schärft den Blick der Kinder für Details und schafft nicht nur für naturkundliches Wissen eine wichtige Basis. Über das Suchen, Finden und Vergleichen hinaus führt die Beachtung unterschiedlicher Bodenarten, Pflanzenstrukturen und anderer Formen zu Fragen über Art und Entstehung der jeweiligen Oberfläche, ihr Vorkommen und ihre Bedeutung.

---

1 *Nicht von ungefähr wird die Mathematik auch als „Wissenschaft von den Mustern" bezeichnet. Immerhin geht es Mathematikern stets darum, Phänomene aller Art mithilfe jener Gesetzmäßigkeiten zu beschreiben, die das betreffende Phänomen am besten erklären können.*

Selbstähnlichkeit = ein Prinzip der Mathematik, das uns in der Natur vielfach begegnet. Wir begegnen diesem Prinzip zum Beispiel in Strukturen des Wachstums wie bei mehrfach gefiederten Blättern (Farn, Akazie, bestimmte Doldenblütler etc.), aber auch in anorganischen Formen. So zeigt ein zerklüfteter Felsen beim näheren Betrachten auch in zunächst einigermaßen eben erscheinenden Flächen eine Vielzahl kleinerer Klüfte und Scharten und je genauer man das Gestein untersucht, desto mehr Risse lassen sich finden, die im Kleinen eine deutliche Ähnlichkeit zur Klüftigkeit des Gesamtmassivs zeigen.

Chaos = ein Zustand, der – obwohl von strengen, naturgesetzlichen Regeln beherrscht – Strukturen aufweist, die sich im Einzelnen nicht exakt berechnen und vorhersagen lassen. Solche „chaotischen Zustände“ finden sich zum Beispiel bei Schneeflocken, Pflanzenblüten und -früchten, aber auch beim Herstellen einer Salatsauce etc. (Auch wenn die Begriffe *Chaos* und *Zufall* immer wieder gleichgesetzt werden: Ein Chaos ist alles andere als ein Zufall!)

Bei aufmerksamer Beobachtung entdecken wir auch in der Natur Regelmäßigkeiten und Ordnungen. Allerdings sind die jeweiligen Strukturen meist weniger auffällig als künstliche, menschliche Ordnungssysteme.

Natürliche Ordnungen zeigen jedoch bei aller Regelmäßigkeit der Gesamterscheinung eine ungeheuer große Vielfalt im Detail. Sie sind reich an Variationen und kleinsten Abweichungen.

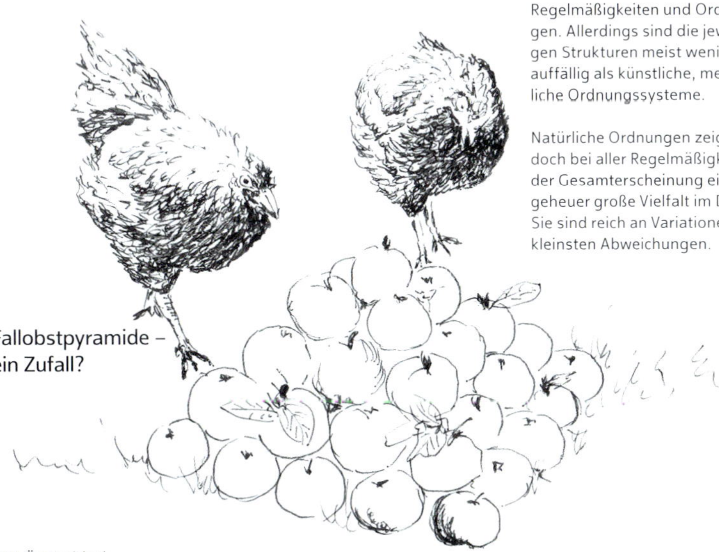

Fallobstpyramide – ein Zufall?

(© H. Österreicher)

Materialliste

- verschiedene „Suchbilder" (ggf. laminiert), das heißt, Fotos, auf denen eine bestimmte Oberflächenstruktur zu erkennen ist – am besten von Strukturen, die sich auch im Garten oder in der näheren Umgebung der Kita entdecken lassen

So kann es gemacht werden

Beim gemeinsamen Betrachten der Bildkarten geht es zunächst darum herauszufinden, um welches Motiv es sich genau handelt und wo man die betreffende Struktur finden kann. Dabei wird ein Bild nach dem anderen gezeigt und diskutiert, bis eine Reihe verschiedener Fotos offen nebeneinanderliegen. Anschließend versucht man zu klären, welche Strukturen ausschließlich natürlich entstandene Muster zeigen, bei welchen Menschen das Entstehen beeinflusst haben (könnten), und welche nur durch menschliche Aktivitäten entstanden sein können. So lassen sich die vorhandenen Bildmotive meist rasch in drei Gruppen einteilen. Nach dieser Einführung können die Kinder versuchen, im Garten oder in der nächsten Umgebung der Kita selbst verschiedene Muster, Strukturen und Ordnungen zu entdecken. Um das Ganze zu dokumentieren, könnten die Kinder ihre Beobachtungen auch fotografieren.

Das kann man erkennen

* Bei manchen Bildern weiß man nicht, wie groß das Abgebildete in Wirklichkeit ist.

* In Schwarz-Weiß sehen viele Dinge ganz anders aus als in Farbe.
* Manche Dinge sind in Wirklichkeit sehr locker, andere ganz fest. Die Abbildung verrät das nicht.
* Manche Oberflächen kann man in der abgebildeten Form das ganze Jahr über finden, andere nur zu einer bestimmten Jahreszeit.
* Die Bilder sind an ganz verschiedenen Orten gemacht worden.

Das macht Kinder neugierig und aktiv

* Welches Muster (welche Ordnung) gefällt dir besonders gut? Und warum?
* Kennst du noch andere Oberflächen, die wir für „Suchbilder" fotografieren könnten?
* Was macht eine bestimmte (Boden-)Oberfläche regelmäßig?
* Wie viele verschiedene Formen kann ein Schneekristall haben? Und was haben diese verschiedenen Formen miteinander gemeinsam?
* Was macht eine Blume (Blüte) regelmäßig? Einen Fichtenzapfen? Einen Pilz?
* Wer hat auch schon mal Wolken in einem bestimmten Muster gesehen?

Das könnte auch interessant sein

Bei aufmerksamer Betrachtung entdecken wir in unserer Umgebung viele Beispiele **natürlicher Ordnung**, aber meist sind die jeweiligen Strukturen weit weniger deutlich als künstliche, **menschliche Ordnungssysteme**. Dabei verrät gerade der Blick auf die Details bei aller Regelmäßigkeit der Gesamterscheinung einen ungeheuren Reichtum an Variationen und kleinsten Abweichungen – ohne dass das Bauprinzip grundsätzlich verletzt würde. So zeigen etwa Wellen an der Oberfläche eines Gewässers, die Lagerung von Sandkörnern oder Kies an einem Strand oder die Zeichnung eines Tierfells Regelmäßigkeiten, die zwar faszinieren, aber trotz ihrer Universalität nicht leicht erfassbar sind.

Ein besonders schönes Beispiel für solche Regelmäßigkeiten bieten die sogenannten **Fibonacci-Zahlen**. Sie bilden eine nach ihrem Entdecker[1] benannte, berühmte Zahlenreihe, die weit verbreitete natürliche Ordnungsmuster widerspiegelt. Die Reihe ergibt sich dadurch, dass jede folgende Zahl die Summe der beiden vorangehenden ist: 1, 1, 2, 3, 5, 8, 13, 21 etc. Die Fibonacci-Zahlen findet man etwa in Spiralstrukturen bei vielen Pflanzen. So gibt es bei Zapfen zwei Gruppen sich überschneidender Spiralen, deren jeweilige Gesamtzahl eine Fibonacci-Zahl ist: Beim Fichtenzapfen laufen fünf Schuppenspiralen in die eine Richtung und drei in die andere, beim Lärchenzapfen sind es acht und fünf derartige Spiralen. Bei Sonnenblumen sind die Samen ebenfalls in Spiralen angeordnet und auch hier trifft man auf das Zahlenverhältnis der Fibonacci-Zahlen: Viele Sonnenblumenköpfe haben 34 und 55 Spiralen, manche 55 und 89 Spiralen, einige größere Sonnenblumenarten sogar 89 und 144.

Fotos solcher Strukturen können – ggf. verkleinert und/oder auf ein anderes Format wie beispielsweise Sechsecke zugeschnitten – auch gut für ein **„Memory-Spiel“** verwendet werden.

---

1 *Leonardo di Pisa (ca. 1170–1240), der auch Fibonacci genannt wurde, machte die arabische Mathematik in Europa bekannt und gilt als der erste große Mathematiker des Abendlandes.*

2.10 Die Erde bebt

Erdbeben – ein unheimliches Phänomen

Auch wenn Mitteleuropa von größeren Erdbeben in unserer Zeit weitgehend verschont bleibt, erfahren wir – wie auch unsere Kinder – immer wieder von solchen Ereignissen in anderen Regionen der Erde. Und diese Ereignisse haben nicht selten katastrophale Ausmaße. Wie können wir Kindern dieses Naturphänomen auf möglichst anschauliche Weise erklären?

Unberechenbare Erschütterungen der Erde

Nach wie vor gibt es **keine Möglichkeit der exakten Vorhersage über Ort und Zeitpunkt** eines Erdbebens. Zwar sind die meisten Beben so schwach, dass wir Menschen sie kaum oder gar nicht wahrnehmen, aber es gibt auch immer wieder starke Beben mit verheerenden Folgen. Weltweit lassen sich allerdings bestimmte Regionen benennen, in denen die **Wahrscheinlichkeit von Erdbeben** besonders groß ist. Dazu zählen insbesondere Länder wie Griechenland, Türkei und Iran sowie die Küstengebiete zahlreicher Staaten rund um den pazifischen Ozean.

Dort, wo Erdbeben häufiger auftreten, ist es besonders wichtig zu wissen, wie man sich am besten schützen kann. In griechischen Kindertagesstätten findet man daher häufig kleine Informationsplakate, die den Kindern die wichtigsten **Verhaltensregeln** zeigen: das Haus rasch, aber ohne Hektik verlassen; unter einem stabilen Tisch Zuflucht suchen; nicht zu nahe an Fenstern und Glastüren bleiben etc.

Die heftigsten Erschütterungen finden über dem sogenannten **Erdbebenherd** statt, in der Nähe des **Epizentrums**. Von dort breiten sich die Erdstöße in Wellen über die gesamte Erdoberfläche aus. Die dabei frei werdende Energie wird dabei zwar mehr und mehr abgeschwächt, aber mithilfe von **Seismografen** lässt sich ein Erdbeben auch noch in weit entfernten Ländern registrieren und messen.

Erdbebenherd (Hypozentrum) = meist in der Tiefe der Erdkruste liegender Ort, der sich aufgrund der ersten Messungen als Ausgangspunkt eines Erdbebens bestimmen lässt.

Epizentrum = jener Ort auf der Erdoberfläche, der direkt über dem Erdbebenherd liegt.

Richterskala = am meisten genutzte Methode, um die Stärke eines Erdbebens auf einer logarithmischen Skala von 0 bis 10 anzugeben. Damit bedeutet jeder folgende Punkt eine Verzehnfachung der Stärke eines Bebens. Ganz schwache Beben weisen Wert nahe 0 auf, während das stärkste bisher gemessene Erdbeben einen Wert bei 9,5 erreichte.

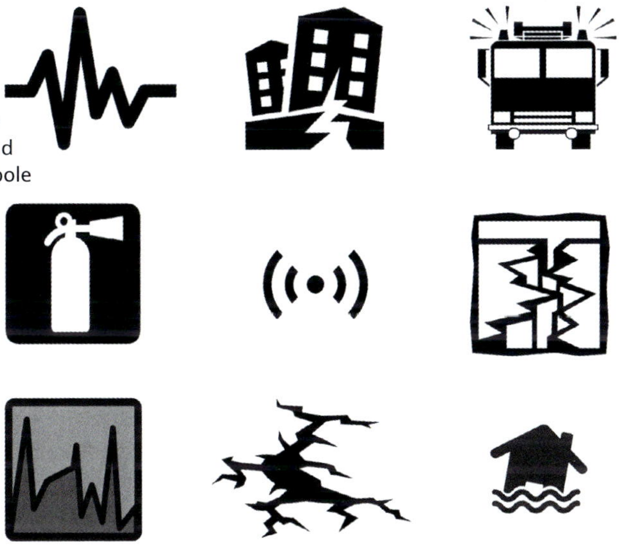

Erdbeben: Signale und Warnsymbole

Materialliste

- eine größere Matte oder Decke
- zahlreiche verschiedene Bauklötze (Holz, Kunststoff, Stein)
- mehrere flache Wannen
- ein kleiner Gummihammer

So kann es gemacht werden

Es ist wichtig, dass der Boden, auf dem ein solches Vorhaben stattfinden soll, zumindest in geringer Weise schwingen kann. Deshalb lässt sich ein Erdbeben-Experiment auf einer Holz-Terrasse besonders gut durchführen. Auf diesem Boden wird eine große Decke ausgebreitet, wodurch das „Versuchsgelände" festgelegt und begrenzt wird.

Nach einer kleinen Vorbesprechung, in der die Kinder erzählen, was sie über Erdbeben wissen und vermuten, werden alle möglichen Bauklötze herangeschafft, aus denen nun eine kleine Stadt gebaut wird. Darunter auch höhere Türme und die eine oder andere waghalsige Brückenkonstruktion.

Anschließend stellen sich alle Kinder mit etwas Abstand in einem großen Kreis um ihre Stadt und beginnen zu hüpfen und den Boden in Schwingung zu versetzen. Die Folgen dieser Erschütterungen lassen nicht auf sich warten.

In anderen Versuchen – nach dem Wiederaufbau der kleinen Stadt – kann die Wirkung eines Bebens durch seitliche Kräfte sichtbar werden. Dabei zieht ein Kind ruckweise – und nur ganz kurz – an einer Ecke der Decke. Natürlich bleibt auch das nicht folgenlos.

Zuletzt variieren wir das Ganze so, dass die Kinder ihre Bauten in flachen, zur Hälfte mit Sand gefüllten Wannen errichten. Anschließend schlagen sie mit einem Gummihammer auf den Rand ihrer Wannen – zunächst noch sanft und vorsichtig, dann auch stärker, denn die zuletzt entstandenen Bauwerke sind wahrscheinlich gar nicht mehr so leicht zum Einsturz zu bringen.

Das kann man erkennen

* Bei Erschütterungen des Bodens beginnen viele Bauklötze zu wackeln.
* Einige Steine stürzen um, höhere Türme fallen ganz in sich zusammen.
* Umstürzende Steine reißen auch danebenstehende Bauwerke um.
* Je mehr Kinder gleichzeitig hüpfen und je geringer dabei der Abstand zu den Bauwerken ist, desto größer fallen die Schäden aus.
* Ein kurzes, ruckartiges Ziehen an der Decke lässt zwar viele Steine wackeln, bringt die betreffende Konstruktion aber nicht unbedingt zum Einsturz.
* Wird mehrmals kurz hintereinander an der Decke gezogen, bleibt kein Bauwerk unbeschädigt.

Das macht Kinder neugierig und aktiv

* Warum führen erst kräftigere Hammerschläge auf den Rand der Wannen zum Einsturz der Bauwerke?
* Macht es einen Unterschied, auf welche Wannenseite oder -ecke man schlägt?
* Welche Rolle spielt der Sand? Wie kann er die Bauwerke schützen?
* Wer kann ein ganz schwaches, gerade noch sichtbares Beben erzeugen?

Das könnte auch interessant sein

Für ältere Kinder kann es interessant sein, solche Erdbebenversuche in verschiedenen Räumen bzw. auf **unterschiedlichen Bodenbelägen** durchzuführen. Auch könnte man dabei gezielt und hintereinander

verschiedene Materialien einsetzen: beispielsweise Holzklötze im Vergleich zu Steinwürfeln und Kunststoff-Bausteinen.

Außerdem ließe sich in einer großen, mit Wasser gefüllten Wanne mit der **Wirkung von Wellen** experimentieren, die – ausgelöst durch Schläge an den Rand der Wanne – auf einen im Wasser stehenden Turm aus (schweren) Bausteinen treffen.

2.11 Farbströme und Wärmespiralen

Wärme bringt Bewegung

2

Wärme und Bewegung stehen in einem engen Zusammenhang, der sich allerdings nicht unbedingt direkt erkennen lässt. Die Erforschung dieses Phänomens begann mit einer Entdeckung zu Beginn des 19. Jahrhunderts. Damals beobachtete der schottische Botaniker Robert Brown in Wassertropfen unter dem Mikroskop unregelmäßige und ruckartige Bewegungen von Blütenstaub. Zunächst führte er diese Bewegungen auf eine bestimmte Lebenskraft zurück, konnte sich das Phänomen aber nicht erklären.

Ein anderer Forscher stellte ähnliche Bewegungen bei Rußteilchen fest, aber es sollte noch Jahre dauern, bis die eigentliche Ursache gefunden war – die allgemeine Wärmebewegung von Teilchen aller Art.

Die Wärmebewegung der Moleküle

Was bereits 1905 **Albert Einstein** aufgrund theoretischer Überlegungen angenommen hatte, konnte in den folgenden Jahren durch vielfältige Versuche bestätigt werden. Zunehmende Erwärmung eines Materials verstärkt auch die **Bewegungsenergie der Teilchen**, aus denen der betreffende Stoff besteht. In der Naturwissenschaft wird dieses Verhalten als **brownsche Bewegung** bezeichnet. Es handelt sich um eine allgemeine Erscheinung, wonach sich grundsätzlich alle Teilchen, deren Temperatur über dem absoluten Nullpunkt liegt, in Bewegung befinden – so gering diese Bewegung im Einzelfall auch sein mag.

Anschaulich wird dieses Phänomen besonders bei Flüssigkeiten und Gasen, in denen man die Bewegung von Teilchen unter bestimmten Bedingungen sehr gut sehen kann.

Mit den folgenden Versuchen lässt sich dieses Phänomen auch mit Kindern erkunden, ohne dafür allzu komplizierte Erklärungen zu benötigen. Eine kleine Menge gefärbten Wassers, das in eine Wanne mit klarem Wassers gegeben wird, zeigt bei deutlichen Temperaturunterschieden eine entsprechende Teilchenbewegung ebenso, wie sich das an den Rauchfahnen einer ausgepusteten Kerze oder anhand einer Wärmespirale zeigen lässt.

Brownsche Bewegung = ungeordnete Bewegung von mikroskopisch kleinen Teilchen in Flüssigkeiten und Gasen (Luft) aufgrund ihrer Wärmeenergie. Je wärmer, desto stärker die Bewegung.

Wärmelehre (Thermodynamik) = naturwissenschaftliche Disziplin, die sich vor allem mit Fragen von Energie im physikalischen Sinn und Energieumwandlung beschäftigt. Dabei werden sowohl rein physikalische Phänomene untersucht als auch solche, bei denen (auch) chemische Prozesse eine Rolle spielen.

Absoluter Nullpunkt = unterer Grenzwert für die Temperatur, bei −273,15 °C. Tiefere Temperaturen sind grundsätzlich nicht möglich. Beim absoluten Nullpunkt kann eine brownsche Bewegung nicht mehr stattfinden.

Brownsche Bewegung eines Teilchens

Die scheinbar regellose Zitterbewegung winzig kleiner Teilchen in einer Flüssigkeit wird als Brownsche Bewegung bezeichnet. Dabei stoßen die Moleküle der Flüssigkeit mit etwas größeren und schwereren Teilchen zusammen, so dass die Moleküle eine Zickzackbewegung ausführen.

Die Geschwindigkeit dieser Bewegungen nimmt mit der Temperatur zu, weshalb sich verschiedene Flüssigkeiten bei höheren Temperaturen deutlich rascher vermischen.

(© H. Österreicher)

Materialliste

- eine oder zwei größere Wannen, wenn möglich aus Glas oder Plexiglas
- eine oder zwei kleine Glasflaschen mit schlankem Hals
- Lebensmittelfarbe, am besten zwei verschiedene Farben
- Gefäß zum Anrühren bzw. Auflösen der Lebensmittelfarbe(n)
- Trichter
- eventuell ein Thermometer
- einige Kerzen (Teelichter)
- Streichhölzer
- einige Blatt Papier, ggf. mit bereits eingezeichneter (kopierter) Spirale als Schnittmuster
- einige Scheren
- einige Stecknadeln
- etwas Klebeband (Tesa)
- einige Schaschlickstäbe
- einige mittelstarke oder stärkere Magnete (Pinnwand-Magnete)

So kann es gemacht werden

Beim ersten Versuch geht es um die Bewegung winziger Farbpartikel in einem größeren Wasserbecken. Am besten nimmt man dazu einen durchsichtigen Glaskasten wie zum Beispiel einen Aquariumsbehälter.

Zur Vorbereitung des Versuchs befüllen die Kinder diesen Behälter zu etwa zwei Drittel mit kaltem Wasser. Die Temperatur des Wassers lässt sich mit den Händen fühlen, kann zudem aber auch mit einem Thermometer gemessen werden. Anschließend wird die Lebensmittelfarbe in einem kleinen Topf in Wasser aufgelöst und mithilfe des Trichters in die Glasflasche gefüllt.

In unserem Fall machen wir den Versuch parallel in zwei großen Wannen mit zwei verschieden gefärbten Lösungen, wobei wir eine gelb gefärbte Lösung mit heißem Wasser und eine blaue Lösung mit kaltem Wasser herstellen. Dann werden die bis zum Rand gefüllten Glasflaschen vorsichtig auf den Boden des Beckens gelegt, und zwar so, dass das Wasser in den Wannen möglichst wenig bewegt wird. Es dauert eine Weile, aber dann lässt sich je nach Farbintensität und Temperaturunterschied einiges beobachten.

In zwei weiteren Versuchen geht es um die Bewegung feinster Teilchen in der Luft. Zuerst zünden die Kinder Kerzen an – am besten in größerem Abstand voneinander – und blasen sie mit einem kurzen (!) Pusten wieder aus. Es geht um die sich bildenden Rauchfahnen und die Frage, woraus dieser Rauch eigentlich besteht.

Am Beispiel einer ausgeblasenen Kerze können wir nicht nur sehen, dass Rauch hochsteigt, sondern auch, dass hier eine Luftströmung entsteht, die sogar andere Dinge in Bewegung setzen kann. Dazu nutzen wir das Modell einer Wärmespirale.

Ein DIN-A4-Blatt genügt, um darauf eine Spirale zu zeichnen (oder eventuell Kopien einer solchen Spirale verwenden) und auszuschneiden. Es kommt dabei nicht darauf an, dass die Spirale ganz exakt ausgeschnitten wird. Auch eine eher unregelmäßige Spiralform kann ihre Wirkung zeigen. Anschließend steckt man eine Stecknadel durch das Zentrum der Spirale und legt diese so auf den Tisch, dass die Stecknadel mit der Spitze gerade nach oben zeigt. Dieser Spitze nähert man sich nun vorsichtig mit einem stärkeren Magneten (am besten mittels Klebeband an einem Schaschlickstab befestigt), und zwar so, dass nur die Spitze der Stecknadel am Magneten haften bleibt, wenn man diesen langsam an- und damit die ganze Spirale hochhebt. Nun hält man die Wärmespirale etwa eine Handbreit über die Flamme eines Teelichts und beobachtet, was passiert.

Das kann man beim Versuch mit dem gefärbten Wasser erkennen

* Das Wasser im Becken bzw. in den beiden großen Wannen ist kalt.
* Sobald eine Flasche mit gefärbtem Wasser unverschlossen auf dem Boden der Wanne liegt, fließt das gefärbte Wasser aus der Öffnung.
* Das gelb gefärbte (heiße) Wasser strömt wie eine Rauchfahne nach oben, während sich das blau gefärbte (kalte) Wasser langsam am Boden der Wanne ausbreitet.
* Das gefärbte Wasser fließt anfangs rasch, dann immer langsamer aus der Glasflasche.
* Das gelb gefärbte Wasser bildet nach einiger Zeit knapp unter der Wasseroberfläche eine dünne, gelbliche Schicht.
* Noch etwas später verschwindet diese Schicht wieder und das Wasser in der ganzen Wanne hat eine blass-gelbe Färbung angenommen, während sich das blau gefärbte Wasser in der zweiten Wanne nur sehr, sehr langsam mit dem Wannenwasser vermischt.

Das macht Kinder neugierig und aktiv

* Was passiert mit dem heißen, gelb gefärbten Wasser? Wie lässt sich das beschreiben?
* Welche Veränderungen lassen sich im Lauf der Zeit beobachten?
* Wer kennt andere Erscheinungen, bei denen etwas aufsteigt oder nach oben strömt?

Das kann man beim Kerzenrauch-Versuch erkennen

* Unmittelbar nach dem Ausblasen der Kerze entsteht Rauch.
* Der Rauch steigt auf und verliert sich langsam im Raum.

Das macht Kinder neugierig und aktiv

* Was ist Rauch?
* Kann man den Rauch riechen?
* Lässt sich Rauch anfassen?
* Warum steigt der Rauch auf?
* Warum bilden sich beim aufsteigenden Rauch verschiedene Formen?

* Warum werden die Finger grau oder schwarz, wenn man den erloschenen Kerzendocht anfasst? Hat der Rauch eine ähnliche Farbe? Und warum?

Das kann man beim Versuch mit der Wärmespirale erkennen

* Hält man die Spirale über eine Kerzenflamme, beginnt sie sich zu drehen.
* Dasselbe lässt sich beobachten, wenn man die Spirale über einen Heizkörper hält.
* Je näher sich die Spirale über der Wärmequelle befindet, desto schneller dreht sie sich.
* Entfernt man die Spirale von der Wärmequelle, kommt die Bewegung zum Stillstand.

Das macht Kinder neugierig und aktiv

* Warum dreht sich die Spirale, wenn sie über eine brennende Kerze gehalten wird?
* Wo im Haus könnte man eine Wärmespirale hinhalten oder aufhängen, damit sie sich dreht?
* Was könnte man mit einer Wärmespirale machen? Könnte man ihre Bewegung für etwas nutzen?

Das könnte auch interessant sein

Warmes steigt nach oben. Das trifft auf warmes Wasser in einem Becken ebenso zu wie auf warme Luft über einem Heizkörper. Aber auch im **Inneren der Erde** gibt es diese Prozesse. Dort steigt der heiße, zähflüssige Gesteinsbrei auf und gelegentlich erreicht diese Masse auch die Erdoberfläche – zum Beispiel beim **Ausbruch eines Vulkans** oder beim **Austritt aus Spalten am Meeresboden**.

2.12 Ich bin anders

Kindliches Selbstkonzept und Umweltbewusstsein

Die Umwelt, in der Kinder aufwachsen, beeinflusst nicht nur in vielfältiger Weise das Alltagsgeschehen, sondern prägt auch wesentlich **Einstellungen** und **(Wert-)Haltungen** aller Art. In einer Kita machen Kinder zudem immer wieder die Erfahrung, dass sie mit anderen Kindern zwar vieles gemeinsam haben, in vielen anderen Fällen aber eine ganz andere, eigene Meinung haben, andere Bedürfnisse haben, eigene Interessen verfolgen (wollen). Besonders deutlich wird das häufig im Verhältnis zu bestimmten Spielsachen, einem besonderen Geschenk oder einem bestimmten Ding, das ein Kind selbst entdeckt hat.

Im Folgenden geht es um den Versuch, mit Kindern darüber ins Gespräch zu kommen. Sie erhalten nicht nur die Gelegenheit, ihre Beziehung zu einem bestimmten Gegenstand selbst vorzustellen, sondern erfahren dabei auch von anderen Kindern, was diesen wertvoll und wichtig ist – eine Auseinandersetzung mit den Emotionen und Urteilen anderer. Gleichzeitig kann die so geförderte **Einfühlsamkeit** (Empathie) und das Erleben von **Selbstwirksamkeit** als eine wesentliche Grundlage für die Entwicklung von **Umweltbewusstsein** gesehen werden.

Kindliches Selbstkonzept = die Sicht, die ein Kind auf sich selbst hat. Ein wichtiger Resilienzfaktor, denn die Aufmerksamkeit für die eigenen Bedürfnisse, Wahrnehmungen und Vorstellungen stärkt das Selbstwertgefühl und hilft, unangenehme und schwierige Situationen zu bewältigen.

Umweltbewusstsein = ein Begriff, der drei wesentliche Aspekte umfasst, die in bestimmten Zusammenhängen einzeln betrachtet werden müssen: Umweltwissen, Umwelteinstellung und Umweltverhalten (Umwelthandeln).

Quellen und Wechselwirkungen eines umweltbewussten Verhaltens

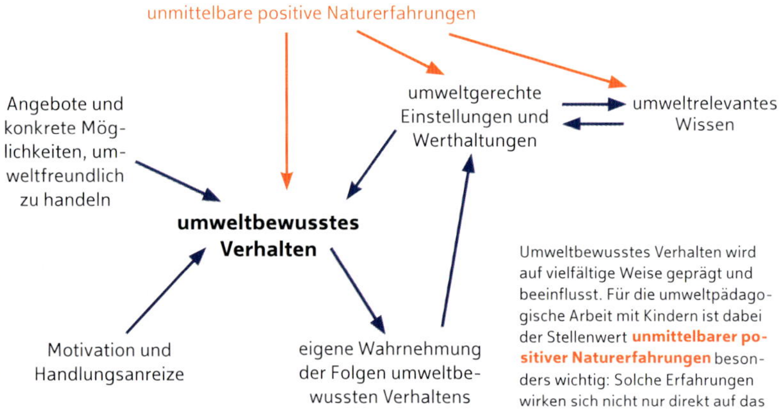

(vgl. Nützel, 2016)

Umweltbewusstes Verhalten wird auf vielfältige Weise geprägt und beeinflusst. Für die umweltpädagogische Arbeit mit Kindern ist dabei der Stellenwert **unmittelbarer positiver Naturerfahrungen** besonders wichtig: Solche Erfahrungen wirken sich nicht nur direkt auf das Verhalten und Handeln aus, sondern prägen auch Einstellungen und Werthaltungen gegenüber der Umwelt. Zudem gewinnen Kinder dabei vermehrt umweltrelevantes Wissen.

Materialliste

- Jedes Kind bringt – nur für diesen Tag – von zu Hause etwas mit, was ihm besonders wichtig ist, was es besonders mag oder was ihm als besonders wertvoll erscheint.

So kann es gemacht werden

In einem kleinen Vorgespräch werden die Kinder gebeten, am nächsten Tag von zu Hause einen Gegenstand mitzubringen, der ihnen besonders wichtig ist: das interessanteste Spielzeug, ein besonderes Geschenk, das Lieblingsbuch, ein besonderes Fundstück etc. Dabei sollte unbedingt erklärt werden, dass es nur darum geht, diesen Gegenstand in einer kleinen Gesprächsrunde vorzustellen und davon zu erzählen. Selbstverständlich bleibt der jeweilige Gegenstand im Besitz des Kindes.

Am betreffenden Tag setzen wir uns in einem großen Kreis zusammen und ich bitte die Kinder, diesmal besonders geduldig zu sein, einander gut zuzuhören und sich das Erzählte zu merken. Dann beginnt ein Kind nach dem anderen, seinen mitgebrachten Schatz zu zeigen und vorzustellen. Wer mag, kann dann dazu Fragen stellen. Auf diese Weise kommt es zu einem etwa einstündigen, sehr konzentrierten und aufmerksamen Gespräch mit einigen Überraschungen. Hier ein paar Ausschnitte:

Moussa (6,5 Jahre) stellt einen kleinen, gelben Kranwagen vor.

> Frage an Moussa: *Wo hast du es zu Hause, wo bewahrst du es auf?*
>
> Moussa: *Den hab ich in einer Kiste, wo ganz viele Autos sind. Meine Cousine war da, in Urlaub, da war Ostern, dann haben wir eine Kiste gekauft.*
>
> Frage von Moses an Moussa: *Warum sind überhaupt Kräne ferngesteuert?*
>
> Moses beantwortet seine Frage selber: *Damit man nicht hoch und runter muss, wenn man was essen muss.*

Moses (5,5 Jahre) stellt seinen Lieblingsgegenstand vor: Chase (ein großer Plüschhund nach der Zeichentrickserie „Paw Patrol", die die Kinder sehr lieben und viel davon nachspielen).

> Frage an Moses: *Wo bewahrst du ihn auf?*
>
> Moses: *Bei mir zu Hause, im Bett. Habe noch eine Sache mitgebracht.* (Moses holt eine Spielzeugpistole aus seiner Tasche.)
>
> Frage an Moses: *Was von beiden ist dir wichtiger?*
>
> Moses: *Beides, sonst hätte ich es nicht mitgenommen.*

Sebastian (6 Jahre): *Ich habe eine Kamera dabei, hier geht sie an. So kann man Fotos schießen. Da geht der Akku raus.*

Frage an Sebastian: *Von wem hast du sie geschenkt bekommen?*

Sebastian: *Die habe ich von Opa geschenkt bekommen.*

Frage an Sebastian: *Wie lange hast du sie schon?*

Sebastian: *Schon lange.*

Frage an Sebastian: *Was machst du mit den Fotos?*

Sebastian: *Die gebe ich auf den Computer von der Mama. Die Speicherkarte war voll, aber jetzt habe ich sie wieder.* (Die Kindergruppe war einige Tage davor im Tierpark und Sebastian hatte seine Kamera dabei. Als die Speicherkarte voll war, hatte die Erzieherin mit seinem Einverständnis ein paar unscharfe Bilder gelöscht und ihm geraten, seine Bilder auf den Computer seiner Mama übertragen zu lassen.)

Niklas (5 Jahre) zeigt sein Tiptoi-Buch mit Tiptoi.

Frage an Niklas: *Wie funktioniert das denn?*

Niklas: *Muss man da anschalten und da hin tippen. Und dann sagt es da was.*

Frage an Niklas: *Wo bewahrst du es auf?*

Niklas: *In meinem Zimmer.*

Frage an Niklas: *Würdest du es verleihen?*

Niklas: *Nein, weil sonst würde es jemand kaputt machen.*

Romy (5,5 Jahre): *Ich habe auch das gleiche Buch, nur das Tiptoi ist anders.*

Lovis (6 Jahre) hat ein großes Bilderbuch mitgebracht: *Ich habe ein Buch mit den Größten dabei.* (Er zeigt ein paar Seiten des Buches, in dem besonders große Lebewesen, Bauwerke und Dinge vorgestellt werden.)

Frage an Lovis: *Würdest du das Buch jemanden ausleihen?*

Lovis: *Nein. Kann doch nicht kaputt gehen, aber Blätter können zerreißen.*

Emma (4 Jahre) zeigt uns eine Puppe. Sie heißt Anna. Eine andere Puppe, Elsa, hat sie daheim gelassen.

Frage an Emma: *Wo hast du sie?*

Emma: *Zu Hause, liegt in meinem Puppenbett.*

Frage an Emma: *Was ist dir bei deiner Puppe wichtig?*

Emma: *Ich spiele sehr oft mit Elsa.*

Frage an Emma: *Darf sonst jemand mit ihr spielen?*

Emma: *Nein, hab noch eine Bibbi dabei. Das ist eine Puppe.*

Frage an Emma: *Wen hast du lieber?*

Emma: *Gleich lieb. Sie liegen alle im Puppenbett.*

Romy (5,5 Jahre) hat eine kleine Schatztruhe mitgebracht (nach „Käpt'n Sharky")

Frage an Romy (erstaunt): *Da ist ja gar nichts drin.*

Romy: *Ich wollte nur eins mitbringen. Aber die Schatztruhe ist mir sowieso am wichtigsten. Weil meine Tante hat sie mir zum vierten Geburtstag geschenkt. Ich tue meine Sachen rein, die ich gefunden habe. Manchmal tue ich da Sachen rein, die ich vergesse und such sie dann und dann sind sie in der Schatztruhe.*

Nilsu (6,5 Jahre): *Eine Kamera, die geht da an. Wenn man da drauf drückt, kann man Fotos machen.*

Frage an Nilsu: *Ist es eine echte Kamera?* (Das rosarote Ding macht überhaupt nicht diesen Eindruck, die Erzieherin selbst hielt es wochenlang für ein reines Spielzeug.)

Nilsu: *Ja.*

Frage an Nilsu: *Wo sind die Fotos?*

Nilsu: *Da drin. Da sind Spiele drauf, Videos angucken. Mach ich ab und zu.*

Gabriel (4,5 Jahre): *Ich hab meine Uhr. Aber die geht nicht mehr. Weil sie aus Versehen auf den Boden gefallen ist. Es ist eine Stoppuhr. Doch jetzt geht sie nicht mehr.*

Frage an Gabriel: *Warum ist dir die Uhr wichtig?*

Gabriel: *Weil man die Zeit stoppen kann.*

Frage an Gabriel: *Wo bewahrst du sie auf? Manchmal in Mamas Schrank, manchmal in meinem.*

Das kann man erkennen

* Jedes Kind hat etwas anderes mitgebracht, das ihm wichtig ist.
* Jeder mitgebrachte Gegenstand hat seine eigene Geschichte.
* Die meisten Dinge haben einen festen Platz, an dem sie aufbewahrt werden, und sie werden manchmal sogar mehrmals täglich hervorgeholt.
* Die Kinder achten sehr darauf, dass ihr Lieblingsding nicht beschädigt wird.

Das macht Kinder neugierig und aktiv

* Was ist das genau? Woher stammt das? Wie funktioniert es?
* (bei bestimmten Gegenständen) Lässt sich das auch reparieren?
* Hast du das Ding auch schon mal verloren und wiedergefunden?
* Leihst du diesen Gegenstand (dieses Spielzeug, Buch etc.) manchmal auch einem anderen Kind?
* Was machst du mit diesem Spielzeug (Buch, Fundstück etc.), wenn es dir einmal nicht mehr wichtig ist? Weißt du das schon?

Das könnte auch interessant sein

Während Kinder in vielen Fällen oft gut sagen können, woher ein bestimmter Gegenstand stammt und wie alt er ungefähr ist, ist die **Frage nach der künftigen Verwendung** sehr schwer zu beantworten. Zwar kann gerade den etwas älteren Kindern durchaus bewusst sein, dass sie den mitgebrachten Gegenstand irgendwann nicht mehr so wichtig finden werden, aber nur wenige haben davon eine klare Vorstellung.

Frage an die Kindergruppe: *Ihr habt ganz viele Dinge die euch wichtig sind. Was macht ihr mit den Sachen, die euch nicht mehr so wichtig sind?*

Theresa: *Letztes Jahr waren mir die Babyanziehsachen noch wichtig, jetzt nicht mehr.*

Frage an Theresa: *Was hast du damit gemacht?*

Theresa: *Weiterschenken.*

Dem können sich auch andere Kinder gut anschließen.

2.13 Dominoeffekte

Faszinierende Kettenreaktionen – vorhersehbar und dennoch überraschend

Kettenreaktionen lassen sich meist nicht nur gut beobachten, sondern in manchen Fällen auch vorhersagen und sogar berechnen. Dennoch bleiben solche Abläufe faszinierend und gerade Experimente mit dem sogenannten Dominoeffekt machen Kinder auf spielerische Weise mit bestimmten physikalischen Gesetzmäßigkeiten vertraut.

Der Lauf der Dinge

Zur Einstimmung der Kinder auf Versuche mit Kettenreaktionen bietet sich an, mit ihnen gemeinsam einen kleinen Film einer spektakulären Reaktionskette aus dem Jahr 1987 anzusehen. Dieser nur wenige Minuten lange Film zeigt die Installation **„Der Lauf der Dinge“** der Schweizer Künstler Peter Fischli und David Weiss, die diese damals für die documenta 8 in Kassel entworfen hatten.[1] Es handelt sich um eine typische „Rube-Goldberg-Maschine“, mit vielen überraschenden und witzigen Effekten.

Der **Dominoeffekt** ist eine der bekanntesten Kettenreaktionen und kann mit vielerlei Mitteln demonstriert werden. Da dafür nicht nur Dominosteine, sondern alle möglichen Bausteine und Holzklötze verwendet werden können, lassen sich entsprechende Versuche sehr leicht organisieren und durchführen. Dennoch gibt es trotz verhältnismäßig klarer physikalischer Voraussetzungen auch hier eine Vielzahl von Variationsmöglichkeiten.

Das Funktionieren einer Domino-Reaktionskette beruht auf der **potenziellen Energie**, die jeder aufgestellte Stein gespeichert hat. Fällt ein Stein, so wandelt sich dessen Energie in **Bewegungsenergie** um, die in der Regel ausreicht, um gleich mehrere weitere Steine umzuwerfen.

Auf **Kettenreaktionen** können wir in den unterschiedlichsten Zusammenhängen stoßen. So gibt es nicht nur chemische und physikalische Reaktionsketten, sondern der Begriff wird auch im übertragenen Sinn verwendet, etwa bei bestimmten sozialen und politischen Prozessen. Auch **Kettenbriefaktionen** und **Schneeballsysteme** stellen Kettenreaktionen dar, wobei es hier vor allem um die rasche Verstärkung eines bestimmten Effekts geht.

---

1 *Vgl. https://www.youtube.com/watch?v=GXrRC3pfLnE&list=PL_GcCWjiwklmU7PE5hJXgPKwQxCDfrljs; 27.04.2019*

Dominoeffekt = die Abfolge von Ereignissen, die von einem bestimmten Anfangsereignis ausgeht und in einer Kettenreaktion abläuft. Dabei wird jedes einzelne Ereignis vom unmittelbar vorangegangenen ausgelöst und ist seinerseits Ursache für das nachfolgende Ereignis.

Rube-Goldberg-Maschine = Bezeichnung einer Maschine, die eine bestimmtes, im Grunde unnötiges Ergebnis auf eine besonders komplizierte Weise erreicht. Benannt nach dem US-amerikanischen Cartoonisten Reuben „Rube" L. Goldberg, der solche Konstruktionen in seinen Comics thematisierte.

Schneeballsystem = Geschäftsmodell mit einem Gewinnversprechen, das höchstens kurzfristig eingelöst werden kann, weil es auf einen ständig anwachsenden Teilnehmerkreis angewiesen ist – vergleichbar einem Schneeball, der einen Hang hinabrollt und dabei ständig größer wird. Da solche Modelle meist in betrügerischer Absicht betrieben werden, sind sie mittlerweile in den meisten Ländern zumindest teilweise verboten.

Bewegung eines Dominosteins

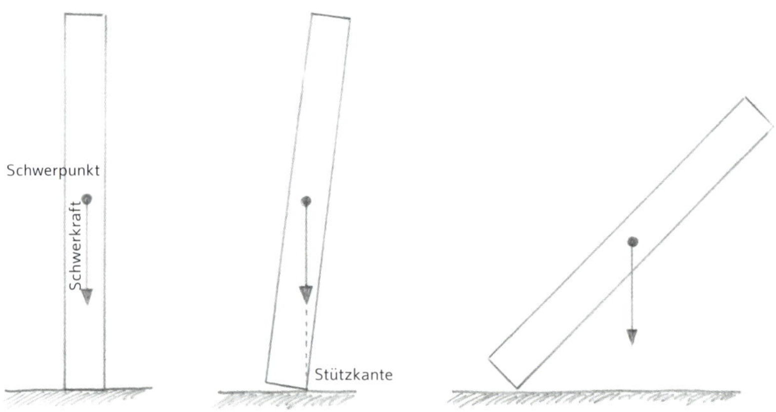

1. stabile Gleichgewichtslage

2. instabile Gleichgewichtslage

3. Die beim Kippen frei werdende Bewegungsenergie führt dazu, dass der Dominostein wieder in eine stabile Gleichgewichtslage kommt.

Materialliste

- eine möglichst große Anzahl gleichartiger Bausteine: Dominosteine, Bauklötze aus Holz oder Kunststoff, Zündholzschachteln etc.
- Für einen Versuch mit Feuer:
  - Hefeteig oder Knete
  - eine große Anzahl Streichhölzer

So kann es gemacht werden

Um verschiedene Versuche mit Dominoeffekten machen zu können, sollte ein nicht zu kleiner Raum mit einem glatten, harten Bodenbelag gewählt werden. Nach einer kurzen Vorbesprechung wählen die Kinder unter den verfügbaren Dominosteinen und/oder Bauklötzen eine gewisse Menge aus und bauen zunächst allein oder in kleinen Gruppen eine Teststrecke auf. Dabei ist wichtig, untereinander genügend Abstand halten zu können, denn bei zu großer räumlicher Enge kommt es rasch zu ungewollten Kettenreaktionen.

Nach den ersten, unabhängig voneinander ablaufenden Versuchen bietet sich der Bau einer zusammenhängenden größeren Teststrecke an. Auch hier ist es sinnvoll, abschnittweise vorzugehen, und zwar so, dass die Kinder gruppenweise eine bestimmte Teilstrecke aufbauen. Der Verlauf dieser Teilstrecken orientiert sich zwar an der geplanten Gesamtstrecke, aber dazwischen bleiben zunächst noch Lücken, um eine vorzeitige Kettenreaktion zu verhindern. Erst wenn alle Teilstrecken fertig sind, werden auch die Lücken geschlossen, die Kinder suchen sich einen guten Beobachtungsplatz und die Kettenreaktion wird gestartet.

2

Das lässt sich beim Ablauf erkennen

* Der Abstand der einzelnen Steine voneinander spielt eine entscheidende Rolle. Sowohl ein zu geringer als auch ein zu großer Abstand kann die Reaktionskette zum Erliegen bringen.
* Die Kettenreaktion verläuft auch in gekrümmten Linien, allerdings darf die Krümmung nicht zu eng sein.
* Bei einer funktionierenden Reaktionskette kippen die einzelnen Steine so rasch, dass man ihnen mit den Augen kaum folgen kann.

Das macht Kinder neugierig und aktiv

* Wie weit dürfen die einzelnen Steine höchstens voneinander entfernt sein, um noch eine Kettenreaktion auslösen zu können?
* Lassen sich auch Verzweigungen bauen, sodass ein bestimmter Stein beim Kippen zwei oder gar drei weitere Kettenreaktionen auslöst?
* Kann man innerhalb einer Strecke auch Kreuzungen einbauen?
* Was passiert, wenn die Steinreihe auf einer schwach geneigten Rampe nach oben oder nach unten geführt wird?

Das könnte auch interessant sein

Üblicherweise verwendet man für die Demonstration eines Dominoeffekts gleich große Einzelelemente wie etwa Dominosteine. Da jedoch die Bewegungsenergie eines umfallenden Steins ausreicht, um mehrere andere zum Umfallen zu bringen, kann auch mit einer **Reihe aus zunehmend größeren Steinen** experimentiert werden. Die Größenzunahme darf nicht zu stark sein, aber bei etwas Geschick und Glück lassen sich faszinierende Ergebnisse erzielen. So wurde einmal ein Versuch mit nur 13 Steinen beschrieben, bei denen jeder einzelne Stein an allen Seiten 50 Prozent größer war als sein Vorgänger. Dadurch entstand eine Kettenreaktion mit enormer **Verstärkung der freigesetzten Energie**.

Spannend ist auch ein **Versuch mit Streichhölzern**, die mit den Zündköpfen nach oben dicht hintereinander in eine Schlange aus

Hefeteig oder Knete gesteckt werden. Die Zündköpfe müssen sich nicht berühren, sollten aber nur wenige Millimeter voneinander entfernt sein. Wird die Zündholzkette an einem Ende entzündet, wandert die Entzündung entlang der Streichholzkette bis an das andere Ende.

2.14 Pflanzenwanderungen

Ausbreitungsmechanismen und Wanderwege von Pflanzen

Dass sich Tiere meist gut von einem Ort zu einem anderen bewegen können – durch Laufen oder Springen, Krabbeln, Kriechen, Schwimmen oder Fliegen – ist Kindern natürlich bekannt. Aber Pflanzen? Die sind doch fest im Boden verwurzelt. Wie soll eine Pflanze denn wandern können?

Bodenroller, Regenschwemmlinge und Schirmflieger

Der Vielgestaltigkeit der Pflanzen entspricht auch eine große **Formenvielfalt** bei ihren **Früchten** und **Samen** und damit auch eine beachtliche Bandbreite an Möglichkeiten, wie sich die jeweiligen Pflanzen vermehren und verbreiten können. Während sich die Botanik – als Teilgebiet der Biologie – insgesamt mit Fragen der Systematik, Erscheinungsform, Lebenszyklus, Inhaltsstoffen und Nutzungsmöglichkeiten von Pflanzen befasst, gibt es Spezialgebiete, die sich gezielt für die (weltweite) **Verbreitung von Pflanzen** und die betreffenden Veränderungen von Lebensräumen interessieren, und das sowohl in früheren Zeiten als auch in unserer Gegenwart. Entscheidend ist dabei das botanische Wissen über die verschiedenen **Ausbreitungsmechanismen von Pflanzen**.

Zu den ursprünglichsten und einfachsten Techniken, mit denen eine Pflanze neue Wuchsorte erobern kann, gehört die Bildung **flugfähiger Samen** und die „Zusammenarbeit" mit dem Wind. Dabei gilt: Je kleiner und leichter die Samen sind, desto weiter kann ihre Reise werden. Aber auch besonders Hilfskonstruktionen wie kleine **Schirmchen** (z. B. Löwenzahn und viele andere Korbblütler) und kleinere oder größere **Flügel** (z. B. Hainbuche, Ahorn, Esche, Linde, etc.) helfen dabei, neue Areale zu besiedeln.

In anderen Fällen genügt es, dass die reifen Samen zu Boden fallen. Sind sie zudem eher schwer und rundlich (z. B. Rosskastanie), legen sie **kullernd** auch noch einige Meter zurück.

Etwas trickreicher sind da schon **Schleudermechanismen**, wie wir sie zum Beispiel beim Springkraut (Name!) beobachten können. Bei vielen Hülsenfrüchtlern kommt es hingegen zur **Selbstausstreuung** der Samen, sobald die Schoten trocken und brüchig geworden sind und an einer bestimmten Nahtstelle aufreißen (Bohne, Erbse, Robinie, verschiedene Klee-Arten etc.).

Wieder andere Pflanzen nutzen Regen und fließendes Wasser, um ihre Samen zu verbreiten. Winterling und Sumpfdotterblume sind beispielsweise solche **Regenschwemmlinge**.

Auch mithilfe von **Wurzelausläufern** gelingt es zahlreichen Pflanzen, nach und nach größere Areale zu besiedeln. Diese Möglichkeit nutzen etwa Maiglöckchen, Huflattich, Minze sowie etliche Gehölze wie Robinie, Hartriegel, Forsythie und Schlehe.

Mit der Hilfe von Tieren – und Menschen

Besonders spannend wird es, wenn andere Lebewesen den Samentransport übernehmen. Ameisen spielen dabei eine besonders wichtige Rolle, denn bestimmte Pflanzen – **„myrmekochore Pflanzen"** – bilden Samen mit kleinen Fettanhängseln, die den Tieren als wertvolle Nahrungsquelle dienen. Bei ihrem Abtransport in das Ameisennest gelangen die meist unverletzt bleibenden Samen häufig an ganz andere Orte, wo sie unter günstigen Bedingungen keimen können. Allein von den rund 90 mitteleuropäischen Pflanzenarten, die zwischen Felsritzen oder auf Mauern wachsen, werden zwei Drittel durch Ameisen verbreitet. Zu ihnen gehören beispielsweise Walderdbeere, Leberblümchen, Veilchen, Besenginster und Wolfsmilch.

Die sehr viel größeren und auffälligen Früchte der Großen Klette nutzen einen raffinierten **Klettmechanismus**: Die reifen kugeligen Fruchtstände bleiben mittels feiner Widerhaken im Fell von Tieren (oder an unserer Kleidung ...) hängen und werden so über weite Strecken transportiert.

Zahlreiche Pflanzen mit Nuss- oder Beerenfrüchten werden **von Vögeln verbreitet**, weil die Früchte den Vögeln als Nahrung dienen und die Kerne (Samen) unverdaut an anderer Stelle wieder ausgeschieden werden.

Und dann sollten wir **unseren eigenen Anteil an der Verbreitung von Pflanzen** nicht übersehen. Insbesondere durch Reisen und den (internationalen) Warenverkehr gelangt heute eine unübersehbar große Zahl an Samen, Keimen und lebensfähigen Pflanzenteilen meist völlig unbemerkt von Ort zu Ort. Auch Zierpflanzen, die wir bewusst in unseren Gärten und Parks kultivieren, machen sich mitunter als **„Gartenflüchtlinge"** davon und finden an ganz unerwarteter Stelle eine neue Heimat.

2

Migration (in der Botanik) = Ausbreitung bzw. Wanderung von Pflanzen mithilfe verschiedener Mechanismen der Verbreitung und Verschleppung von Samen und anderen lebensfähigen Pflanzenteilen (z. B. Wurzeln und Triebe).

Invasive Arten = Pflanzen (oder auch Tiere), die auf unterschiedliche Weise in einen für sie neuen Lebensraum gelangen, wobei sie sich dort „aggressiv" ausbreiten, Biotope nachhaltig verändern und unter Umständen auch wirtschaftliche Schäden verursachen.

Sukzession = Entwicklung einer Lebensgemeinschaft von Pflanzen, Pilzen und Tieren ohne menschliche Eingriffe. Dabei ändern sich im Lauf der Zeit die jeweiligen Pflanzen- und Tiergesellschaften, indem etwa konkurrenzschwache Arten von anderen, konkurrenzstarken Arten ersetzt werden.

Vielfalt der Pflanzensamen formen

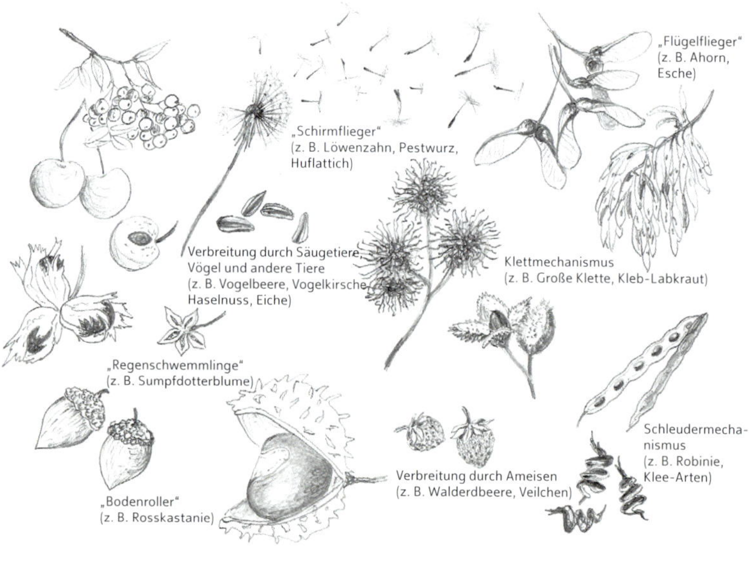

(© H. Österreicher)

Materialliste

- Sammelbox(en) für Früchte und Samen von Wildpflanzen
- kleine Handschaufeln (am besten aus Metall)
- eventuell Becherlupen, Leselupen o. Ä.
- eventuell Pflanzenbestimmungsbuch

So kann es gemacht werden

Eine Möglichkeit, mit Kindern über dieses Thema ins Gespräch zu kommen, kann darin bestehen, mit ihnen zunächst über die Fortbewegungsmöglichkeiten von Tieren zu sprechen. Und dann zu fragen, ob sie sich vorstellen können, ob und wie Pflanzen sich bewegen können. Rasch wird allen klar sein, dass das „Wandern“ von Pflanzen nicht die Fortbewegung einer einzelnen Pflanze bedeutet, sondern die Weiterverbreitung der Nachkommen einer Pflanze – in erster Linie durch die Verbreitung ihrer Samen.

Die eigentliche Erkundung der Thematik besteht nun darin, möglichst viele verschiedene Pflanzenfrüchte und -samen zu finden und gemeinsam zu überlegen, auf welche Weise es den betreffenden Pflanzen gelingt, ihre Nachkommen in die Welt zu schicken. Dazu können auch kleine Grabungen gehören, um beispielsweise den Wurzelbereich des Japanischen Staudenknöterichs oder anderer, Ausläufer bildender Pflanzen zu untersuchen.

Das lässt sich beim Ablauf erkennen

- Der Samen einer Pflanze ist manchmal gar nicht leicht zu erkennen.
- Die Samen verschiedener Pflanzen unterscheiden sich deutlich: in Größe und Form, Farbe und Gewicht.
- Geflügelte Samen fallen langsamer zu Boden als Samen ohne Flügel.
- Die Schirmchen halten die Löwenzahn-Samen lange in der Luft. Die Samen werden vom kleinsten Windstoß weit weggetrieben.

* Beim Graben nach den Wurzeln des Staudenknöterichs zeigt sich ein dichtes Geflecht sehr kräftiger, dicker Wurzelverbindungen.

Das macht Kinder neugierig und aktiv

* Wie könnte diese oder jene Pflanze dorthin gekommen sein, wo sie heute wächst?
* Kann eine Pflanze auch mehrere verschiedene Techniken nutzen, damit ihre Nachkommen günstige Plätze zum Wachsen finden?
* Funktioniert ein Klettverschluss wirklich genauso wie die „Klebrigkeit" der Klettenfrüchte?
* Wer kennt noch andere Pflanzen als die Vogelkirsche, deren Samen ebenso mithilfe der Vögel verbreitet werden?

Das könnte auch interessant sein

Zahlreiche Pflanzen, die wir heute ganz selbstverständlich als heimische Arten betrachten, haben ihre Heimat in südlichen Ländern, im Vorderen Orient oder in Afrika. Falls es sich um Pflanzen handelt, die vor der Entdeckung Amerikas 1492 nach Mitteleuropa eingewandert sind, handelt es sich um sogenannte **Archäophyten**, während man diejenigen, die etwa ab dem Jahr 1500 zu uns gekommen sind, als **Neophyten** bezeichnet.

Zur ersten Gruppe gehören wichtige Kulturpflanzen wie Kulturapfel, Birne, Pflaume und Weinrebe, aber auch zahlreiche Blütenstauden und Kräuter, die zusammen mit Weizen, Dinkel und Gerste zu uns gekommen sind: Klatschmohn, Kornblume, Echte Kamille und andere.

Zur zweiten Gruppe zählen viele, heute wichtige Kulturpflanzen wie Kartoffel, Tomate, Paprika, Kürbis, Feuerbohne, Tabak, aber auch viele Arten, die wir als **invasiv** bezeichnen, weil sie sich ungeheuer rasch ausbreiten und die heimische Pflanzen- und Tierwelt durchaus in Bedrängnis bringen können. Zu ihnen zählen etwa Riesen-Bärenklau, Drüsiges Springkraut, Japanischer Staudenknöterich und Kanadische Goldrute. Sehr viel mehr Pflanzenarten, die ebenfalls mit Absicht oder versehentlich zu uns gekommen sind, gelten jedoch als unbedenklich und können als Bereicherung unserer Pflanzenwelt angesehen werden: Schneeglöckchen (aus Südosteuropa), Thymian-, Salbei- und Minzearten (aus Südeuropa), asiatische Zierkirschen, nordamerikanische Gehölze wie Robinie und verschiedene Ahornarten und viele andere mehr.

Übrigens: Längst nicht jede zugewanderte neue Pflanzenart kann sich hierzulande ohne menschliche Hilfe vermehren und verbreiten und selbst diejenigen, die das schaffen, sind keineswegs immer eine Bedrohung für die heimischen bzw. bereits etablierten Pflanzen. Es gehört zum Leben, dass die **biologische Vielfalt (Biodiversität) eines Lebensraumes** auch selbst immer in Bewegung und damit veränderlich bleibt.

2.15 Ohne Nase schmecken

Ein Test für unseren Geschmackssinn

Der Geschmackssinn ist im Vergleich zu unseren anderen Sinnen nicht besonders gut ausgeprägt und lässt sich leicht täuschen. Dennoch können uns die entsprechenden Wahrnehmungen wichtige Informationen vermitteln, besonders dann, wenn wir dabei auch den Geruchssinn einsetzen.

Die Nase schmeckt mehr als die Zunge

Wenn wir den Geschmack einer Speise oder eines Getränks beurteilen wollen, halten wir meist unsere Zunge für das Instrument, mit dem wir eine bestimmte Geschmacksqualität feststellen. Viel entscheidender ist jedoch die Geruchswahrnehmung. Nach einer groben Abschätzung beruht ein Geschmacksurteil zu etwa **80 Prozent** auf der Leistung unserer **Riechzellen** und nur zu etwa **20 Prozent** auf der unserer **Geschmackssinneszellen** auf der Zunge und im Mundraum. Dabei steigen Aromamoleküle von der Mundhöhle aus in die Nase und lösen dort Impulse aus, die direkt an das Gehirn gesendet werden. Wir riechen das Essen also beim Kauen.

Zusätzlich leiten Nervenfasern auch die Impulse von den Geschmackssinneszellen ins Gehirn. Diese befinden sich in den sogenannten **Geschmackspapillen** vor allem auf der Spitze, den Rändern und dem Rücken der Zunge. Wir können dabei fünf Geschmacksrichtungen wahrnehmen: süß, sauer, salzig, bitter – und umami, den sogenannten Fleischgeschmack, von dem man erst seit einiger Zeit weiß, dass er proteinhaltige Lebensmittel kennzeichnet.

Erst das **Zusammenspiel von Geruch und Geschmack** ermöglicht uns eine umfassende Wahrnehmung der jeweiligen Geschmacksqualität. Das Schmecken ist also ein komplexer Prozess.

Geschmackssinn = auch als „chemischer Sinn" bezeichnet, weil die Sinneswahrnehmung durch chemische Reaktionen ausgelöst wird. Bereits Neugeborene besitzen eine Vorliebe für die Geschmacksqualitäten süß und umami, während sie auf bitter und sauer schmeckende Substanzen mit Ablehnung reagieren – vermutlich eine wichtige evolutionsbiologische Prägung, denn Süße verweist auf Kohlenhydrate (als wichtige Energiequelle) und umami auf eine Eiweißquelle. Ein bitterer Geschmack steht hingegen oft in Verbindung mit bestimmten, natürlich vorkommenden Giftstoffen, während unreife Früchte oder verdorbene Lebensmittel häufig sauer schmecken.

2

Geschmackspapillen = kleine, zwiebelförmige Strukturen in der Mundschleimhaut – vor allem auf der Zunge – in denen sich die Sinneszellen des Geschmackssinnes befinden. Über diese jeweils spezialisierten Sinneszellen können wir zwischen fünf Geschmacksrichtungen unterscheiden: süß, sauer, salzig, bitter und umami (= würziger Geschmack von Glutamaten und typisch für viele eiweißreichen Lebensmittel wie Käse, Fleisch, Sojasauce etc.).

Mit der Zunge schmecken

Obwohl wir zahlreiche Geschmackspapillen mit Tausenden Geschmackssinneszellen besitzen, werden nur fünf grobe Geschmacksrichtungen unterschieden. Dabei befinden sich die Sinneszellen für *süß, sauer, salzig* und *bitter* vor allem an den Rändern der Zunge, während jene für die Geschmacksrichtung *umami* auf nahezu der ganzen Zungenoberseite verteilt sind. Es ist also keineswegs so, dass beispielsweise süß nur an der Zungenspitze geschmeckt wird, sondern die Wahrnehmung der betreffenden Geschmacksqualität ist im Bereich der Zungenspitze lediglich intensiver.

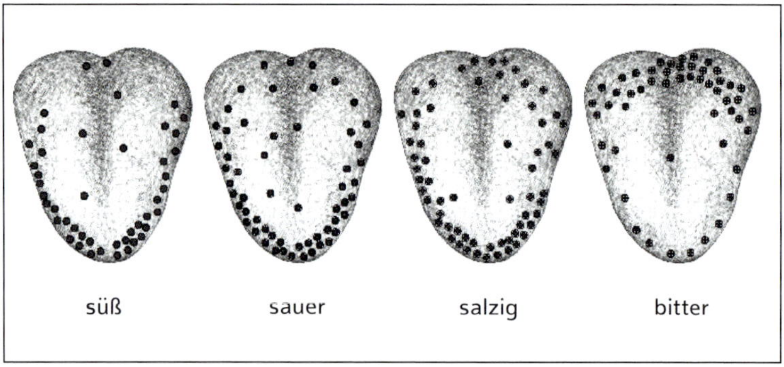

Die Wahrnehmung von *scharf* wird nicht zu den Geschmacksempfindungen gerechnet, denn die Schärfe von Chilis und anderen scharfen Gewürzen löst Nervenschmerzen und Wärme (Hitzegefühle) aus. Die Sinneszellen der Geschmackspapillen werden dadurch nicht aktiviert.

Materialliste

- verschiedene frische Gemüse- und Obstarten wie etwa Möhre, Gurke, Kohlrabi, Paprika, Tomate, Radieschen, Apfel, Birne, Erdbeere, Aprikose, Pfirsich, Melone, Banane, Ananas (eigene Auswahl von etwa 6–8 verschiedenen Proben)
- 1–2 weich gekochte/gedünstete Kartoffeln und Möhren
- eingelegtes Gemüse wie Essiggurke, Perlzwiebel
- einige weitere Lebensmittelproben wie etwa 1–2 verschiedene Brotsorten, Kekse, Hartkäse, Schokolade, Marshmallows
- Gemüsereibe (wenn möglich 2 Stück)
- Schneidbrett mit Messer (mehrere, wenn Kinder bei der Vorbereitung helfen sollen)
- etliche Zahnstocher
- einige Teelöffel und Gabeln
- Teller und Schüsselchen nach Bedarf
- je eine Augenbinde pro Kind

So kann es gemacht werden

Um die Kinder mit diesem Geschmackstest überraschen zu können, werden die verschiedenen Lebensmittelproben vorab in etwa würfelzuckergroße Stückchen geschnitten. Dabei sollten von jeder Probe mindestens 2–3 Stück pro beteiligtem Kind zur Verfügung stehen und eine größere Anzahl der Probenstückchen mit einem Zahnstocher versehen sein.

Diese Proben werden auf Teller oder flache Schalen verteilt und – abgedeckt mit einem Tuch – in die Mitte eines großen Tisches gestellt, um den herum sich die Kinder versammelt haben.

Nach einer kurzen Vorbesprechung, bei der die Kinder vielleicht auch nach ihren Lieblingsspeisen gefragt werden, verbinden Sie den Kindern die Augen und bitten sie, sich mit Daumen und Zeigefinger einer Hand die Nase zuzuhalten. In die andere Hand legen Sie nun jedem Kind behutsam einen Zahnstocher mit einer der Geschmacksproben und fordern das Kind auf, durch konzentriertes Schmecken herauszufinden, um welches Lebensmittel es sich handelt. Damit das alles bei einer etwas größeren Anzahl von Kindern nicht unübersichtlich wird, ist es sinnvoll, alle Kinder hintereinander zunächst nur ein Lebensmittel testen zu lassen. Erst wenn alle die Gelegenheit hatten, sich ein Urteil über die betreffende Substanz zu bilden, geht man zum nächsten Lebensmittel über.

Nach dem Testen der auf Zahnstochern aufgespießten Proben beginnt ein zweiter, etwas schwierigerer Test, der am besten mit den Kindern gemeinsam vorbereitet wird: Mithilfe einer Obst- oder Gemüsereibe reiben Kinder zunächst einen Apfel und eine Birne in jeweils eine kleine Schale. Gleichzeitig zerdrücken andere Kinder die gekochte und geschälte Kartoffel sowie die weiche, gedünstete Möhre – ebenfalls getrennt in jeweils einem Schälchen.

Den Geschmackstest mit allen vier verschiedenen Breisorten macht nun ein Kind nach dem anderen, mit verbundenen Augen und zugehaltener Nase: Lassen sich Apfel-, Birnen-, Kartoffel- und Möhrenbrei ohne Zuhilfenahme des Geruchssinnes zuverlässig unterscheiden?

Das kann man erkennen

- Die Geschmacksvorlieben der Kinder unterscheiden sich zwar in manchen Bereichen, aber am meisten Zuspruch findet alles, was süß ist.
- Bittere und saure Stoffe werden von den meisten Kindern abgelehnt.
- Während sich sehr unterschiedliche Substanzen wie Brot, Apfel, Banane etc. rasch und sicher unterscheiden und benennen lassen, fällt das Urteil bei ähnlichen Stoffen wie etwa Möhre und Kohlrabi schwerer.
- Die breiigen Zubereitungen von Apfel, Birne, Kartoffel und Möhre lassen sich deutlich

schwerer voneinander unterscheiden.
* Ist die Nase offen, gelingt es viel rascher, ein bestimmtes Lebensmittel zu erkennen.
* Manche Kinder kennen bestimmte Obst- und Gemüsearten kaum.
* Ob eine bestimmte Probe als angenehm und schmackhaft empfunden wird, kann auch von der kulturellen und familiären Prägung mitbestimmt sein.

Das macht Kinder neugierig und aktiv

* Welche Geschmacksnoten passen gut zusammen? Welche der angebotenen Lebensmittelproben könnten besonders gut zu einem Essen kombiniert werden?
* Welche Lebensmittelproben enthalten Salz, ohne dass sie salzig schmecken?
* Und wo ist Zucker drin, ohne dass es süß schmeckt?
* Warum kann ein und dieselbe Probe unterschiedlich schmecken, je nachdem, was man kurz vorher probiert hat?
* Wie können wir die unterschiedlichen Geschmacksnoten benennen und beschreiben? Wer kann etwa den Geschmack einer frischen Gurke beschreiben?

Das könnte auch interessant sein

Die Tatsache, dass der Geruchssinn unsere Geschmackswahrnehmung besonders stark beeinflusst, lässt sich mit einem kleinen **Experiment mit Zimt und Zucker** verdeutlichen. Dabei gibt man sich etwas Zimt auf die Zunge und hält sich etwa 15 Sekunden lang die Nase zu. Und erst jetzt, wenn man die Nase wieder freilässt, schmeckt man das volle Zimtaroma.

Probiert man das Gleiche mit Zucker, schmeckt man die Süße auch sehr gut bei zugehaltener Nase.

Die Erklärung ist einfach: Reinen Zucker erkennen wir über die Geschmackssinneszellen, die sich direkt auf der Zunge befinden, als süß, während das Zimtaroma die Riechzellen der Nase braucht, um wahrgenommen zu werden.

In Zusammenhang mit der Ernährung ist nicht unwichtig, dass der ständige Verzehr von Fertiggerichten den Geschmackssinn schwächt. Der Grund liegt darin, dass in solchen Speisen häufig **künstliche Aromastoffe als Geschmacksverstärker** enthalten sind. Zudem sind viele dieser Gerichte stärker gesalzen und gewürzt, weshalb die natürlichen Aromen der jeweiligen Lebensmittel in den Hintergrund gedrängt und aufgrund der Gewöhnung später kaum oder nicht mehr wahrgenommen werden. Allerdings kann man umgekehrt auch den **Geschmackssinn trainieren**, indem man bewusst öfter naturbelassene Lebensmittel isst und beim Zubereiten von Speisen übermäßiges Würzen vermeidet.

3 Ausblick

Wer Kinder mit naturwissenschaftlichen Phänomenen und Fragestellungen bekannt machen will, findet in verschiedenen Medien dazu zahlreiche Vorschläge, Empfehlungen und Anregungen. Dennoch ist es nicht immer einfach, jene Projektideen auszuwählen, die unter bestimmten Rahmenbedingungen gut umsetzbar sind. Und selbst wenn alles für ein bestimmtes Vorhaben spricht, heißt das weder, dass seine Durchführung wie geplant gelingt, noch, dass es immer in gleich überzeugender Weise „funktioniert".

Diese Planungsunschärfe sollte aber nicht entmutigen – im Gegenteil: Dass Kinder auf ein bestimmtes Vorhaben von Erwachsenen immer wieder überraschend anders als gewünscht oder erwartet reagieren, macht im Grunde den größten Reiz bei solchen Unternehmungen aus. Daher sollten die in diesem Buch vorgestellten Projektideen trotz der meist detaillierten Anleitungen keineswegs nur in der hier beschriebenen Weise umgesetzt werden. Abänderungen und Variationen sind sogar ausdrücklich erwünscht, und wenn jemand da oder dort auf eine ganz andere, neue Idee kommt, umso besser.

Hinzu kommt, dass wir ohnehin nicht allzu starr am Erreichen eines bestimmten Zieles festhalten sollten. Lernpsychologisch betrachtet bleiben nämlich vor allem die weniger gelungenen bis völlig gescheiterten Experimente am stärksten im Gedächtnis. Sie lösen die meisten Fragen aus, führen zu den kuriosesten Hypothesen und regen am stärksten zu eigenen Aktivitäten an. Was allerdings nicht heißt, dass man sich keine Mühe geben sollte. Kinder merken meist besonders gut, wie ernst wir eine Sache nehmen und wie viel Anstrengung wir dafür aufwenden.

In diesem Sinn lade ich Sie herzlich ein, sich mit Neugier und Freude auf alle möglichen naturkundlichen Projekte mit Kindern einzulassen und dabei auch möglichst viel selbst von, über und mit Kindern zu lernen.

LITERATURVERZEICHNIS

Allaby, Michael: Spannendes Wissen über Klima und Wetter, übersetzt von Michael Schmidt, München: Christian Verlag, 2000.

Edelmann, Jens: Geologische Erscheinungen entdecken und verstehen, Bielefeld, Reise Know-How Verlag Rump, 2003.

Engelhardt, Wolfgang: Was lebt in Tümpel, Bach und Weiher? Pflanzen und Tiere unserer Gewässer, Stuttgart, Kosmos-Franckh, 2008.

Fischer, Ernst P.: Die andere Bildung. Was man von den Naturwissenschaften wissen sollte, München, Ullstein Taschenbuch, 2003.

Fthenakis, Wassilios E. (Hrsg.): Der Bayerische Bildungs- und Erziehungsplan für Kinder in Tageseinrichtungen bis zur Einschulung, Berlin, Cornelsen Scriptor, 2012.

Gebhard, Ulrich: Kind und Natur. Die Bedeutung der Natur für die psychische Entwicklung, Wiesbaden, VS Verlag für Sozialwissenschaften, 2013.

Haller, Kerstin/Kummetz, Mechthild: Expedition Erde: Vulkane, Erdbeben, Wetter, Troisdorf, Bildungsverlag Eins, 2007.

Hannaford, Carla: Bewegung – das Tor zum Lernen, Kirchzarten, VAK Verlags GmbH, 2013.

Haug-Schnabel, Gabriele/Wehrmann, Ilse (Hrsg.): Raum braucht das Kind. Anregende Lebenswelten für Krippe und Kindergarten, Berlin und Weimar, verlag das netz, 2012.

Louv, Richard: Das letzte Kind im Wald? Geben wir unseren Kindern die Natur zurück!, übersetzt von Andreas Nohl, Freiburg i. Br., Herder, 2013.

Nützel, Rudolf: Förderung des Umweltbewusstseins von Kindern. Evaluation von Naturbegegnungen mit Kindergartenkindern einer Großstadt, München, oekom verlag, 2016.

Österreicher, Herbert: Basiswissen Natur- und Umweltpädagogik, Köln, Bildungsverlag Eins, 2010.

Österreicher, Herbert: Kinder lieben kleine Tiere. Eine Anleitung zum Kennenlernen von Kleinlebewesen, Berlin und Weimar, verlag das netz, 2011.

Österreicher, Herbert: Natur- und Umweltpädagogik für sozialpädagogische Berufe, Köln, Bildungsverlag Eins, 2014.

Österreicher, Herbert/Prokop, Edeltraud: Kinder wollen draußen sein. Natur entdecken, erleben und erforschen, Seelze, Kallmeyer, 2018.

Österreicher, Herbert: Wilde Tiere in der Kita. Entdecken und kennenlernen, Berlin, Wamiki, 2019.

Schumann, Walter: Der große BLV Steine- und Mineralienführer, München, BLV, 2012.

Stewart, Ian: Die Schönheit der Schneeflocke: Mathematik in der Natur, übersetzt von Andrea Kamphuis, Heidelberg, Berlin, Spektrum Akademischer Verlag, 2017.

Viernickel, Susanne/Völkel, Petra: Beobachten und dokumentieren im pädagogischen Alltag, Freiburg i. Br., Herder, 2017.

Wittmann, Josef: Physik in Wald und Flur. Beobachtungen und Gedanken eines Physikers in der freien Natur, Köln, Aulis Verlag Deubner, 2000.

M

N

O

P

R

S

T

U

V

W

BILDQUELLENVERZEICHNIS

Fabiola Quadflieg, Köln: 28, 34, 40, 46, 52, 57, 63, 70, 78, 83, 90, 96, 105, 113, 119.

Fischer, Andreas, Köln: Titel, Titel, Titel, Titel, Titel, Titel.

fotolia.com, New York: Pahham, Pete 123. iStockphoto.com, Calgary: badmanpro duction 94; goir 24.

Österreicher, Herbert, München: 9, 12, 13, 18, 18, 26, 27, 28, 29, 29, 31, 32, 32, 33, 33, 33, 33, 34, 35, 35, 36, 39, 39, 41, 41, 42, 45, 45, 45, 45, 46, 46, 47, 51, 52, 53, 53, 57, 58, 59, 59, 62, 63, 64, 64, 65, 66, 68, 69, 70, 72, 72, 76, 76, 76, 77, 78, 78, 79, 82, 83, 84, 84, 84, 85, 85, 89, 90, 91, 91, 92, 93, 97, 98, 99, 104, 105, 106, 107, 111, 111, 111, 112, 113, 114, 118, 119, 120, 121.

Roman Bold & Black, Köln: 3, 4, 5, 6, 31, 49, 55, 61, 102.

Shutterstock.com, New York: galitsin 61; sumire8 Titel.

stock.adobe.com, Dublin: Titel; Alekss 108; Assmy, Gunnar 116; Foto Factory 55; helenagl 74; hfox 67; higyou 87; Kuzmin, Andrey 5, 6; Lukas 25; Lukassek 102; Nmedia 43; Sergey, Uryadnikov 37; Sylverarts 7; Wang, Tom 81; Watercolor_ Concept 49.

Wir arbeiten sehr sorgfältig daran, für alle verwendeten Abbildungen die Rechteinhaberinnen und Rechteinhaber zu ermitteln. Sollte uns dies im Einzelfall nicht vollständig gelungen sein, werden berechtigte Ansprüche selbstverständlich im Rahmen der üblichen Vereinbarungen abgegolten.